Antiguo Egipto

500 datos interesantes sobre la historia de Egipto

Índice de contenidos

Introduction

La antigua tierra de Egipto ha sido durante mucho tiempo una fuente de misterio y fascinación, con sus grandiosos monumentos, enigmáticos jeroglíficos, poderosos faraones y colorida cultura. Durante miles de años, fue una de las civilizaciones más avanzadas del mundo. Pero, ¿qué sabemos realmente de este misterioso lugar?

En este libro, descubrirá muchos aspectos de la vida durante esta época increíble. A través de vívidas descripciones y detallados relatos de descubrimientos arqueológicos, explorará todos los aspectos, desde la religión hasta el arte y la economía, descubriendo secretos que han permanecido ocultos durante siglos. Aprenderá cómo el Alto y el Bajo Egipto se unificaron hacia el 3100 a. C., para formar un solo reino bajo el legendario rey Menes. Observaremos algunos rasgos distintivos del antiguo Egipto, como las pirámides y las tumbas construidas por albañiles altamente cualificados. Exploraremos dioses como Ra u Osiris. Y aprenderemos dónde cultivaban los agricultores.

También exploraremos cómo funcionaban el gobierno, el ejército y la economía; cómo se desarrolló la escritura desde simples pictogramas hasta un alfabeto completamente formado; qué tipo de ropa vestían los egipcios y su impresionante arquitectura. Le fascinarán la literatura, la poesía y la ciencia egipcias. Además, verá por qué esta civilización fue tan crucial para la historia de Occidente, desde la conquista de Alejandro Magno en el 332 a. C., hasta Cleopatra, que encontró su famoso destino a la edad de treinta y nueve años.

Exploraremos el antiguo Egipto desde la época predinástica hasta el periodo ptolemaico. Descubra sus secretos y saque a la luz esta cautivadora civilización.

El Egipto predinástico
(antes del 3100 a. C.)

Este capítulo explorará la fascinante **historia del Egipto predinástico.** Veremos treinta datos interesantes sobre las creencias, las herramientas, el arte y otros aspectos de Egipto. Descubriremos algunas de las **culturas predinásticas** más importantes y cómo contribuyeron a la sociedad y al desarrollo de Egipto.

1. **La gente vivió en Egipto alrededor del año 200.000 a. C.**
2. Algunos estudiosos creen que el *Homo erectus* **vagó por Egipto** ¡hace casi dos millones de años!
3. **El Egipto predinástico tiende a comenzar alrededor del 6000 a. C.,** hacia el final del Neolítico.
4. **Los habitantes del Egipto Predinástico eran cazadores-recolectores y agricultores** que vivían en pequeñas aldeas a lo largo del río Nilo y sus afluentes.
5. **Las cuchillas de hoz más antiguas del mundo se fabricaron en Egipto.** Se cree que fueron creadas en algún momento alrededor del 10.500 a. C.
6. **Los egipcios desarrollaron un sistema de irrigación para regar sus cultivos** y controlar las inundaciones a lo largo del río Nilo. Los sistemas de irrigación se hicieron comunes alrededor del año 3000 a. C.

7. **Los egipcios predinásticos construyeron barcos** y los utilizaron para viajar río arriba y río abajo, lo que les ayudó a comerciar bienes con otras culturas cercanas, como Mesopotamia.
8. Con el paso de los siglos, **los egipcios comerciaron** con cada vez más civilizaciones, como Nubia.

9. **Los egipcios prehistóricos y predinásticos** utilizaban herramientas de piedra para cortar piedras destinadas a actividades cotidianas, como cortar carne y preparar pieles de animales.
10. **También fabricaban joyas** con conchas, plumas y huesos.
11. **Los egipcios predinásticos utilizaban el cobre** para muchas de sus herramientas.

12. **Los egipcios predinásticos vivían en casas hechas de adobe,** que secaban al sol.

13. Algunas de las primeras **formas de arte creadas en Egipto incluyen pinturas rupestres** en las paredes de las cuevas que representan animales como gacelas o hipopótamos y dibujos de humanos realizando actividades cotidianas como la caza o la pesca.

14. **El primer juego de mesa del mundo, el senet,** se inventó en Egipto alrededor del año 3500 a. C.

15. **El famoso sistema de escritura egipcio** se desarrolló justo antes de la época de los faraones. Los jeroglíficos estaban formados por símbolos que representaban objetos, sonidos e ideas.

16. **La música fue una parte importante** del Egipto prehistórico y predinástico. La música desempeñaba un papel crucial en los rituales y los entierros.

17. **El tejido se utilizó por primera vez** durante la cultura Fayum A (9000-6000 a. C.).

18. **La primera loza** (cerámica fina vidriada con estaño) se fabricó por primera vez durante el periodo Predinástico.

19. **Los egipcios prehistóricos y predinásticos** hacían sencillas figuras de arcilla de personas, animales y dioses.

20. **Al principio, la cerámica no estaba decorada y era puramente funcional.** En la época de la cultura tasiana, que comenzó alrededor del 4500 a. C., la cerámica empezó a utilizarse también con fines ornamentales.

21. **Los egipcios prehistóricos y predinásticos** adoraban a diversos dioses. Probablemente eran similares o iguales a los que adoraban los antiguos egipcios, como Ra y Osiris.

22. **Los egipcios predinásticos tenían momias,** pero no estaban envueltas en vendas. En su lugar, estos cuerpos probablemente fueron momificados por el clima seco.

23. **Durante la cultura Naqada** (c. 4000-3000 a. C.), se descubrieron las primeras pruebas claras de tumbas de élite, que mostraban la estratificación de la sociedad.

24. **La cultura gerzense** (3500-3200 a. C.) construyó las primeras tumbas egipcias tradicionales.

25. **El Egipto predinástico** no era un lugar sin ley. Había gobernantes del Alto Egipto y del Bajo Egipto.

26. **El Bajo Egipto** es la parte norte del país, cerca del delta del Nilo, y el Alto Egipto está más al sur, donde la tierra es más elevada.

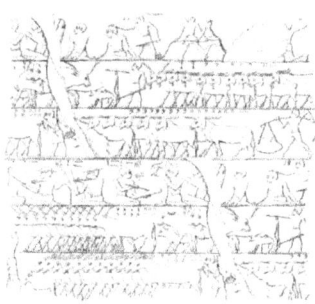

27. **El uso de las matemáticas en Egipto** se remonta al periodo Predinástico. Existen pruebas de que las matemáticas ya se utilizaban en el año 3200 a. C.

28. **Los egipcios prehistóricos y predinásticos confiaban en la astronomía y la astrología.** Utilizaban las estrellas para saber cuándo se desbordaría el Nilo.

29. No se sabe con certeza cuándo **se inventó el calendario egipcio de 365 días,** pero ya se utilizaba antes de que comenzara el Periodo Dinástico (cuando Egipto se unificó por primera vez).

30. **Aunque el Alto y el Bajo Egipto se desarrollaron por separado,** ambos comenzaron a influirse mutuamente en gran medida durante la época de la cultura tasiana.

La unificación del Alto y Bajo Egipto
(3100 a. C.)

Explore la fascinante historia del antiguo Egipto y **la unificación del Alto y el Bajo Egipto.** Veremos treinta datos interesantes sobre la cultura, las creencias, las herramientas y el arte de los antiguos egipcios. **Descubra cómo los faraones** unificaron el país y los avances que lograron en matemáticas, medicina y arte.

31. **Alrededor del 3100 a. C., Egipto se unificó bajo un solo gobernante.**

32. Antes de la unificación de Egipto, **el Alto y el Bajo Egipto tenían su propio gobernante y cultura.**

33. Sin embargo, **las dos regiones compartían una lengua común,** lo que les permitió unirse contra las amenazas extranjeras, como los invasores de Asia o Nubia.

34. Se cree que el **rey Narmer**, cuyo nombre significa "pez gato que pica", fue el primer faraón que unificó el Alto y el Bajo Egipto conquistando las ciudades-estado septentrionales del Bajo Egipto y a los gobernantes locales.

35. **El rey Narmer podría haber sido el legendario rey Menes.** A Menes también se le atribuye haber sido el primero en unificar Egipto.

36. Para celebrar su victoria sobre el Bajo Egipto, **Narmer creó una paleta ceremonial** en la que se le representaba como una feroz figura con cabeza de león que llevaba la corona del Alto Egipto y golpeaba a sus enemigos con una maza. Esta paleta se conoce actualmente como **la Paleta de Narmer.**

37. En el otro lado de la Paleta de Narmer, **Narmer lleva la corona del Bajo Egipto,** lo que significa su gobierno sobre ambas regiones.

38. Los gobernantes de este Egipto unificado **se llamaban reyes**. El término **faraón no apareció hasta el Nuevo Reino.** (Utilizaremos faraón en este texto, ya que así es como se denomina comúnmente a los gobernantes del antiguo Egipto en la actualidad).

39. Aunque la capital cambió con el tiempo, **los primeros faraones gobernaron desde Menfis, en el Bajo Egipto.**

40. **El periodo Dinástico Temprano de Egipto** se extendió desde la unificación de Egipto (3100 a. C.) hasta alrededor del 2686 a. C., el inicio del Reino Antiguo.

41. **La unificación del Alto y Bajo Egipto** trajo consigo nuevos cambios culturales, como un sistema unificado de jeroglíficos para llevar los registros, pesos y medidas estandarizados para comerciar con mercancías y un único código legal en lugar de códigos separados para cada región.

42. Tras la unificación, **Egipto floreció económicamente** mediante el comercio de bienes como grano, aceite y papel de papiro con países vecinos como Siria, Palestina, Nubia y Libia a cambio de cosas como obsidiana y oro.

43. **El papel papiro fue un invento increíblemente importante,** ya que permitió escribir con mayor rapidez. Antes, la escritura tenía que tallarse en la roca. El papel de papiro se utilizó durante siglos, y se inventó alrededor del 2900 a. C.

44. **En este periodo también se produjeron avances en los conocimientos matemáticos, como la geometría.**

45. **La medicina avanzó enormemente tras la unificación de Egipto.** Es posible que los antiguos egipcios creyeran en una forma de los cuatro "humores" (sangre, flema, bilis negra y bilis amarilla) o en los espíritus malignos. Para tratar estas dolencias, utilizaban remedios a base de hierbas y hechizos.

46. **La idea de los humores** perduró hasta la llegada de la teoría de los gérmenes en el siglo XIX.

47. **Los egipcios desarrollaron un extenso sistema de escritura llamado jeroglíficos** poco antes del periodo dinástico temprano. El uso de los jeroglíficos se amplió enormemente con el paso del tiempo. La escritura se utilizaba para comunicar ideas como creencias religiosas, códigos legales e incluso poesía.

48. **El calendario egipcio** también adquirió más importancia con la unificación de Egipto. El calendario tenía 365 días y se dividía en 12 meses con 3 semanas por mes (10 días cada una).

49. **Los egipcios continuaron creando arte.** En particular, pintaban en las paredes de sus tumbas, normalmente representando escenas de la vida cotidiana, como la agricultura, la caza o la pesca.

50. **El arte del antiguo Egipto** era altamente simbólico y tenía un significado religioso. A menudo se utilizaban imágenes de dioses y diosas para representar ideas como la fertilidad o la protección. Otras escenas representaban a faraones realizando rituales que mostraban su poder sobre el pueblo.

51. **Horus era el dios más importante del Egipto dinástico temprano.** Horus era el dios con cabeza de halcón y supervisaba la realeza y el cielo.

52. **Los faraones llegaron a creer que tenían poderes mágicos llamados heka,** que les permitían controlar la naturaleza y realizar milagros como resucitar a los muertos o controlar las inundaciones sólo con sus órdenes.

53. **Con el tiempo, Heka se convirtió en un dios.** Heka era el dios de la medicina y la magia y tuvo bastante importancia a lo largo de la historia del antiguo Egipto.

54. **Los antiguos egipcios eran politeístas.** Creían en múltiples dioses que desempeñaban diferentes funciones, como Ra (el dios del sol) e Isis (la diosa de la maternidad).

55. La mayoría de la gente sabe algo sobre **la creencia de los antiguos egipcios en la vida después de la muerte.** Sin embargo, antes del año 2000 a. C., se creía que sólo los faraones podían ir al más allá.

56. **El antiguo Egipto tenía una estructura social compleja,** con los faraones en la cima, seguidos de los sacerdotes, los funcionarios y los trabajadores.

57. **El antiguo Egipto tenía esclavos,** pero no hay pruebas de que esta institución existiera antes del periodo del Reino Antiguo.

58. **El sacerdocio se formó en el periodo dinástico temprano,** pero empezó a asumir nuevas funciones en el Reino Antiguo.

59. **Los sacerdotes actuaban como intermediarios entre el pueblo y los dioses.** Eran responsables de realizar rituales y ceremonias para garantizar el apaciguamiento de los dioses.

60. **El antiguo Egipto tuvo una serie de dinastías,** cada una con su propio faraón. **Los faraones construyeron monumentos, establecieron leyes e impuestos y expandieron su imperio.**

El Antiguo Reino de Egipto
(2686-2181 a. C.)

En este capítulo exploraremos la fascinante historia del **Antiguo Reino de Egipto,** un periodo de la antigua civilización egipcia que duró **desde 2686 hasta 2181 a. C.** Examinaremos treinta datos interesantes sobre su cultura, creencias, arte y arquitectura, desde el desarrollo de los jeroglíficos hasta la construcción de **las pirámides de Guiza** y otros grandiosos monumentos. También exploraremos su **creencia en la vida después de la muerte,** el significado de la momificación y su sofisticado sistema legal basado en el principio de Ma'at.

61. **El Reino Antiguo** también se conoce como la **Era de las Pirámides,** ya que durante este periodo se construyeron muchas pirámides.

62. **Los faraones eran considerados dioses vivientes** que gobernaban Egipto con un poder absoluto. La gente corriente vivía en pequeñas aldeas o trabajaba en granjas propiedad de los ricos.

63. **Los antiguos egipcios tenían un sofisticado sistema legal** que se basaba en el principio de "Ma'at" o justicia.

64. **Ma'at era también la diosa de la justicia y la ley.**

65. Como ya se ha mencionado, **los antiguos egipcios creían en muchos dioses y diosas.** Durante el Reino Antiguo, Ra, el dios del sol, superó a **Horus** como dios más importante.

66. **El pueblo visitaba templos** o santuarios dedicados a deidades para realizar ofrendas o sacrificios con el fin de ganarse su favor y atraer la buena suerte a sus vidas.

67. **El arte del antiguo Egipto presentaba colores brillantes** e imágenes llamativas utilizadas para transmitir creencias religiosas o mostrar lealtad a los faraones a través de estatuas y pinturas murales. Otras formas de arte, como la fabricación de joyas, también fueron muy populares durante este periodo.

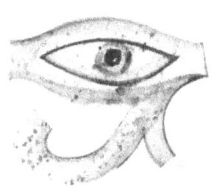

68. **El periodo del Reino Antiguo** fue testigo de importantes avances en la literatura y la escritura. Textos como Las *instrucciones de Ptahhotep* y los *Textos de las Pirámides* ofrecen una visión de las creencias y costumbres del antiguo Egipto.

69. **Egipto desarrolló una extensa red de carreteras** que permitió viajar por todo el país de forma más accesible.

70. **El río Nilo era el elemento geográfico más importante de Egipto,** ya que proporcionaba agua para el riego y el transporte a lo largo de sus orillas.

71. **Las innovaciones en medicina comenzaron durante el Reino Antiguo.** Imhotep, un médico, escribió curas para enfermedades en rollos de papiro, que se conservaron para uso de las generaciones futuras.

72. **Los antiguos egipcios tenían un sistema médico muy avanzado** que incluía farmacéuticos, cirujanos y dentistas, que utilizaban remedios naturales como la miel para tratar las enfermedades. ¡Algunas de sus curas se siguen utilizando hoy en día!

73. **Los antiguos egipcios también hicieron avances en matemáticas, ingeniería y astronomía.**

74. **La Gran Esfinge** es una estatua gigante de la cabeza de un faraón sobre el cuerpo de un león cerca de las Pirámides de Guiza. Se cree que la **Esfinge fue construida para proteger la pirámide de Kefrén** (una de las Pirámides de Guiza).

75. **La Gran Pirámide de Guiza fue construida por Keops** hacia el año 2550 a. C. Es la única de las Siete Maravillas del Mundo Antiguo que queda en pie.

76. **Las Pirámides de Guiza** se construyeron durante el Reino Antiguo y siguen en pie después de miles de años.

77. **Las Pirámides de Guiza se construyeron como tumbas para Keops, Kefrén y Micerino,** que querían estar rodeados de grandeza para siempre.

78. **Los faraones utilizaban tumbas ricamente decoradas** con intrincados jeroglíficos inscritos en sus paredes para contar historias sobre sus vidas y sus logros.

79. **El primer complejo piramidal fue iniciado por el faraón** Zoser hacia el 2650 a. C., en Saqqara. Se conoce como la Pirámide Escalonada de Zoser.

80. **Además de las Pirámides de Guiza,** el Reino Antiguo era conocido por sus inmensos monumentos de piedra y otros complejos piramidales **en Abusir, Saqqara y Dahshur.** Tras la muerte, los antiguos egipcios creían que su alma viajaba a través de un túnel oscuro y llegaba a una luz brillante.

81. Dependiendo de cómo vivieran en la Tierra, **la otra vida podía ser pacífica o estar llena de agonía.**

82. **La momificación era muy importante para los antiguos egipcios. Creían** que el alma sólo podía existir en un cuerpo, por lo que la momificación era una forma de preservar el cuerpo de la descomposición y garantizar que pudiera reunirse con su alma en la otra vida.

83. **Los antiguos egipcios** disponían de técnicas avanzadas **para preservar los cuerpos tras la muerte.** Esto incluía envolver el cuerpo herméticamente en lino y enterrarlo con objetos, como alimentos, muebles y joyas, destinados a ser utilizados en la otra vida.

84. **Los antiguos egipcios tenían un sistema de gobierno** con una estructura piramidal. Los faraones estaban en la cima, seguidos de los visires, que asesoraban a los faraones. A continuación, venían los nobles, que administraban las tierras o desempeñaban funciones militares como generales o comandantes. La gente corriente se situaba en la parte inferior de la jerarquía, por encima de los esclavos.

85. **Algunas profesiones eran más respetadas que otras.** Por ejemplo, los escribas eran más respetados que los artesanos, pero éstos eran más respetados que los agricultores.

86. **La esclavitud comenzó durante el Reino Antiguo.** La mayoría de los esclavos eran prisioneros de guerra.

87. **Los antiguos egipcios eran agricultores competentes** que utilizaban métodos sofisticados para cultivar sus cosechas. Tenían un año agrícola organizado dividido en tres estaciones: Akhet (la estación de las inundaciones), Peret (la estación de crecimiento) y Shemu (la estación de la cosecha).

88. No todo era trabajo en el antiguo Egipto. **A los egipcios les encantaba jugar a juegos de mesa** como el senet, que sigue siendo popular hoy en día. También jugaban a otros juegos de mesa, como el mehen y los perros y chacales.

89. **Los juegos de mesa se encontraban a menudo en las tumbas,** ya que se consideraban una forma de pasar el tiempo en la otra vida.

90. **El Reino Antiguo comenzó con la Tercera Dinastía y terminó con la Sexta Dinastía.**

El Primer Periodo Intermedio en Egipto
(2181-2055 a. C.)

Este capítulo explorará la fascinante historia **del Primer Periodo Intermedio en Egipto,** que duró **de 2181 a 2055 a. C.** Examinaremos treinta datos interesantes sobre esta época que solía considerarse un **tiempo de caos.**

91. **El Primer Periodo Intermedio** duró de 2181 a 2055 a. C.

92. **Los antiguos egipcios** no se referían a este periodo como el Primer Intermedio; los egiptólogos acuñaron este término en el siglo XIX.

93. Este periodo se consideró **una época de caos y agitación política,** ya que Egipto se dividió en dos estados principales, gobernados por familias rivales.

94. No se sabe con certeza **por qué el reino volvió a dividirse.** Algunos historiadores creen que la culpa es del largo reinado de Pepy II, ya que sobrevivió a sus sucesores.

95. **Los nomarcas,** gobernantes locales, también habían aumentado su poder y se habían vuelto más independientes.

96. Además, **el Nilo no se desbordaba como se esperaba,** lo que provocaba tierras de cultivo secas y hambruna.

97. **El Reino Superior se gobernaba desde Tebas,** mientras que el **Reino Inferior se gobernaba desde Heracleópolis.** Había otras regiones de poder, pero éstas eran las dos bases principales.

98. Durante este periodo, **la autoridad central de Egipto se debilitó** y no hubo faraones poderosos que volvieran a unirlo como antes.

99. El Primer Periodo Intermedio se denomina a veces **"la edad oscura"** de la historia egipcia porque se sabe muy poco de él en comparación con otros periodos como el Reino Antiguo o el Reino Nuevo.

100. Hoy en día, los eruditos creen que el **Primer Periodo Intermedio** no fue una edad oscura como se pensaba.

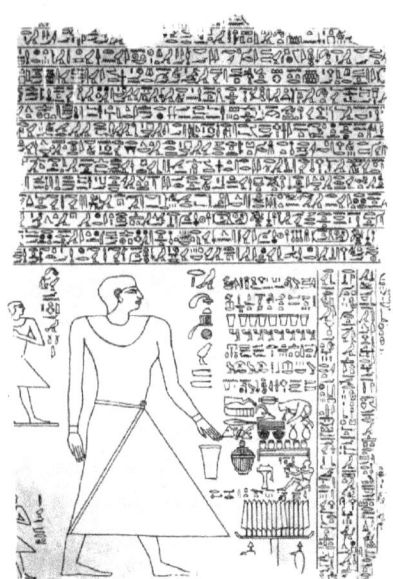

101. El poder ya no recaía en un **gobierno central,** lo que explica por qué no se construyeron grandes monumentos durante esta época.

102. **Se seguían construyendo tumbas,** pero no eran tan grandiosas como las construidas durante el Reino Antiguo.

103. **Los Textos de los Ataúdes,** que eran textos pintados en el interior de los ataúdes, seguían utilizándose durante el Primer Periodo Intermedio.

104. **La lista de reyes no estaba bien documentada** durante esta época, lo que llevó a algunos a pensar que fue una época de caos. Sin embargo, el poder había pasado a los líderes locales, que continuaron asegurándose de que sus regiones siguieran siendo prósperas.

105. **Las relaciones con otros países disminuyeron un poco,** pero el comercio continuó como antes.

106. Los egipcios también empezaron a utilizar un nuevo tipo de sistema de riego llamado **shaduf** durante esta época, que les permitía controlar y regular mejor la inundación de sus campos.

107. Los historiadores creen que la idea errónea común de **que el Primer Periodo Intermedio** fue una época oscura tiene que ver con la forma en que tendemos a ver la historia. En el antiguo Egipto se daba más importancia al rey y a la familia real que al pueblo común.

108. El egipcio medio sí tuvo que enfrentarse a un cambio en la política, pero **no hay pruebas que sugieran que el pueblo experimentara la pobreza y el caos.** De hecho, las personas de estatus inferior pudieron permitirse tumbas durante este periodo.

109. **La riqueza ya no estaba sólo en manos de la élite,** lo que permitió al pueblo común disfrutar de más lujos.

110. **El Primer Periodo Intermedio** vio un aumento en la calidad de la literatura, dando lugar a nuevos géneros en **el Reino Medio.**

111. Sin embargo, en el Primer Periodo Intermedio se produjo **un descenso en la calidad de las obras de arte.**

112. Parte del problema de examinar las obras de arte de esta época radica en la falta de pruebas arqueológicas. **Es posible que esta época viera avances en el arte que no fueron registrados** por la historia.

113. **En este periodo se produjo un aumento del saqueo de tumbas debido** a la falta de una autoridad central fuerte en Egipto. Muchas tumbas fueron saqueadas por sus objetos de valor, como joyas y estatuas.

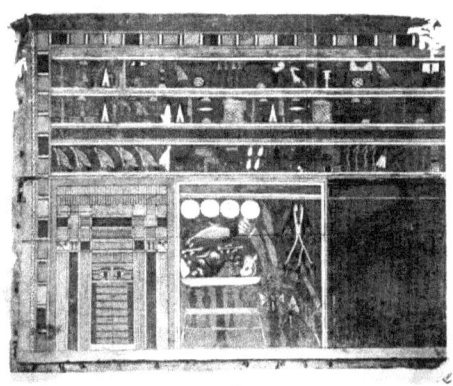

114. El Primer Periodo Intermedio abarcó de **la Séptima a la Undécima Dinastías.**

115. No se sabe mucho sobre **las Dinastías Séptima y Octava.**

116. Según las listas antiguas, **la Novena y la Décima Dinastía tuvieron diecinueve gobernantes cada una.** Sin embargo, no se sabe mucho sobre sus reinados.

117. **Los tres primeros reyes** de la Undécima Dinastía **se llamaban Intef.**

118. Estos gobernantes **ayudaron a crear una sensación de estabilidad** y unidad al derrotar a los nomarcas.

119. **Mentuhotep II,** que fue gobernante durante la Undécima Dinastía, **unificó de nuevo los reinos alrededor del año 2055 a. C.**

120. **La tumba de Mentuhotep II** fue la primera en asociar al faraón **con Osiris,** el dios del más allá y de los muertos.

El Imperio Medio de Egipto
(2055-1650 a. C.)

Adéntrese en la rica historia del antiguo Egipto durante **el Imperio Medio,** que duró de 2055 a 1650 a. C. Este capítulo explorará treinta datos interesantes sobre su cultura, creencias y arte. Descubra los avances que realizaron en **matemáticas, astronomía e ingeniería,** que les permitieron medir la altura de los edificios y crear herramientas como las plomadas. Aprenda más sobre faraones como **Amenemhat I, Amenhotep II y Senusret II.** Descubra el **código legal** que crearon, que incluía derechos de herencia, derechos matrimoniales y reglamentos sobre prácticas comerciales que perdurarían durante siglos.

121. **El Imperio Medio de Egipto** fue un periodo que duró de 2055 a 1650 a. C.

122. Durante este tiempo, los antiguos egipcios fueron capaces de **reconstruir y unir su país** tras el Primer Periodo Intermedio, creando fuertes estructuras de gobierno y leyes que durarían siglos.

123. **Mentuhotep II,** que inició el Reino Medio, dejó claro que tenía el derecho divino de gobernar y se representaba a sí mismo como un dios.

124. **Los antiguos egipcios desarrollaron un sistema impositivo** durante este periodo que les permitió financiar proyectos públicos, como la construcción de nuevos monumentos, templos y otras estructuras, que durarían siglos.

125. **Al Imperio Medio también se le atribuye la creación de leyes** que fueron las primeras de su clase en el antiguo Egipto. Se redactaron muchas leyes importantes, como los derechos de herencia, los derechos matrimoniales y los reglamentos relativos a las prácticas comerciales.

126. **Los faraones durante el Imperio Medio** entrenaron ejércitos permanentes, que se utilizaban para la defensa y para obtener nuevas tierras.

127. El Imperio Medio está considerado como uno de los periodos más prósperos de Egipto. En él se produjeron avances significativos en el arte, la arquitectura, la literatura y la cultura.

128. El periodo del Imperio Medio también **es conocido por sus tumbas con elaboradas obras de arte** que representaban la vida cotidiana en el Egipto de la época.

129. Durante esta época, los antiguos egipcios comerciaron con países vecinos como Nubia y Palestina, lo que les permitió acceder a materiales como el oro, la plata y el cobre.

130. Los antiguos egipcios desarrollaron técnicas de navegación más avanzadas durante el Imperio Medio, lo que les permitió explorar tierras fuera de sus propias fronteras y establecer rutas comerciales con otros países como Grecia, Roma y la India.

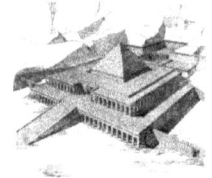

131. El periodo del Imperio Medio fue testigo de una importante afluencia de extranjeros a Egipto, como libios, nubios, cananeos y un pequeño número de personas procedentes de Oriente Próximo.

132. La medicina del antiguo Egipto también experimentó avances significativos durante esta época, ya que los médicos podían diagnosticar enfermedades con mayor precisión utilizando métodos como la lectura del pulso y el análisis de orina.

133. El faraón Amenemhat I fundó una nueva capital en Ity-tauy hacia 1970 a. C.

134. Aún no se han encontrado las ruinas de la capital de Amenemhat, por lo que no sabemos dónde estuvo situada esta ciudad real.

135. **Amenemhat I nombró nomarcas** y les exigió que registraran sus tierras para ayudar a frenar su creciente poder.

136. **Los antiguos egipcios utilizaban técnicas agrícolas** como la rotación de cultivos, que ayudaban a aumentar los niveles de producción de alimentos sin depender únicamente de las inundaciones anuales del Nilo.

137. **La agricultura floreció** bajo el reinado de varios faraones del Imperio Medio, como **Senusret III,** que construyó sistemas de regadío alrededor del delta del Nilo, lo que permitió que cultivos como el trigo, la cebada, la uva, el aceite de linaza y el algodón crecieran de forma mucho más eficiente.

138. **Senusret III,** que gobernó entre 1878 y 1839 a. C., está considerado el rey más importante de la Dinastía XII del Imperio Medio. Es conocido por sus proyectos de construcción, desarrollo urbano y expansión del reino hacia el sur.

139. **El faraón Senusret III construyó varias fortalezas a lo largo de las fronteras de Egipto** con Nubia, que se utilizaron para defender Egipto de las invasiones de fuerzas extranjeras.

140. **El Imperio Medio** también es conocido por sus extraordinarios logros en **matemáticas, astronomía e ingeniería.** Los antiguos egipcios crearon herramientas como las plomadas para medir con precisión la altura de los edificios.

141. **El faraón Amenemhat III,** perteneciente a la XII Dinastía, construyó grandes **pirámides de adobe en Dahshur y Hawara.** Fue el primer rey desde Sneferu (que pertenecía a la IV Dinastía) en construir más de una pirámide.

142. **El complejo funerario del faraón Amenemhat III en Dahshur se conoce como la Pirámide Negra.** Fue la primera pirámide que albergó al faraón y a sus reinas. Antes, las reinas tenían sus propias pirámides.

143. Además, durante el reinado de Amenemhat III se escribió una de las obras más famosas del antiguo Egipto. **"La historia de Sinuhé"** es un poema épico sobre un hombre llamado Sinuhé que sirvió a las órdenes del faraón Amenemhat I, fundador de la duodécima dinastía.

144. **En el Imperio Medio** continuó el culto a **los antiguos dioses**, como **Sobek,** el dios cocodrilo; **Seth,** el dios de la guerra y el caos; y **Jnum,** el dios del Nilo y de la creación.

145. **Osiris se convirtió en el dios más importante** durante el Imperio Medio.

146. **Su popularidad aumentó** porque la gente de fuera de la familia real se dio cuenta de que la vida después de la muerte también podía ser accesible para ellos.

147. **La primera mujer faraón, Sobekneferu,** gobernó durante casi cuatro años en el periodo del Imperio Medio.

148. **Fue la última faraona de la XII Dinastía.**

149. **Sobekneferu** fue la primera faraona que se **asoció con el dios Sobek.**

150. **El Imperio Medio** se extendió desde **la Undécima Dinastía** (a partir del reinado de Mentuhotep II) **hasta la Duodécima Dinastía.**

El Segundo Periodo Intermedio en Egipto
(1650-1550 a. C.)

En este capítulo exploraremos la turbulenta historia del **antiguo Egipto durante el Segundo Periodo Intermedio.** Veremos treinta datos interesantes sobre los **gobernantes y la economía** de esta época. Acompáñanos a descubrir este importante periodo de la historia del antiguo Egipto.

151. **El Segundo Periodo Intermedio** comenzó hacia 1650 a. C., y duró hasta 1550 a. C.

152. **Durante este periodo, los hicsos gobernaron Egipto.** Sin embargo, otras dinastías también gobernaron durante este periodo.

153. El Segundo Periodo Intermedio abarcó varias dinastías, empezando por **la Decimotercera Dinastía y terminando con la Decimoséptima.**

154. La Decimoquinta Dinastía **(la Dinastía Hicsos)** gobernó durante la mayor parte del Segundo Periodo Intermedio.

155. Nadie sabe con certeza **de dónde procedían los hicsos.** Probablemente procedían de Levante. Se establecieron en el Bajo Egipto.

156. **La Decimoquinta Dinastía fue la primera vez que Egipto fue gobernado por una potencia extranjera.**

157. **Este periodo se consideró una época de caos** y agitación en el antiguo Egipto. Pero, al igual que el Primer Periodo Intermedio, se cree que el Segundo Periodo Intermedio no fue una época oscura.

158. Algunos egiptólogos modernos creen que los **hicsos no se apoderaron violentamente del Bajo Egipto,** que solía ser la única teoría sobre cómo obtuvieron el poder.

159. Por las pruebas que tenemos, parece que los **hicsos admiraban la cultura egipcia;** no intentaron sustituir las creencias tradicionales del pueblo por las suyas propias.

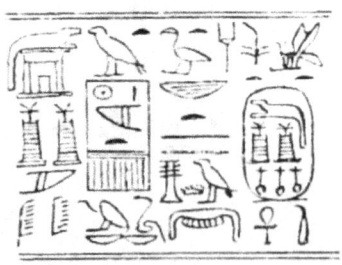

160. Según la teoría de la invasión pacífica, los **hicsos se sintieron atraídos por Egipto** debido a su prosperidad. Con el paso del tiempo, cada vez más hicsos se trasladaron a Egipto.

161. A medida que **los hicsos crecían en poder en Avaris,** un puerto situado en la región noreste del delta del Nilo, la Decimotercera Dinastía fue perdiendo poder.

162. **La Decimotercera Dinastía** huyó de la capital de Ity-tauy y se trasladó al sur, a Tebas.

163. Cuando la Decimotercera Dinastía se marchó, los **hicsos pudieron abalanzarse sobre ella** y llenar el vacío de poder en el Bajo Egipto.

164. **La Decimocuarta Dinastía** se separó de la Decimotercera. No se sabe mucho de ninguna de las dos dinastías, aparte de algunos gobernantes notables.

165. Algunos creen que los primeros gobernantes de la Decimocuarta Dinastía eran **cananeos** que declararon su independencia de la Decimotercera Dinastía.

166. **El reino de Kush** (Nubia) creció en poder durante el Segundo Periodo Intermedio.

167. **Los nubios admiraban mucho a los egipcios,** adoptando sus dioses, vestimentas e incluso la forma de comportarse entre ellos.

168. Durante un tiempo, **los hicsos y los tebanos** se llevaron bien, aunque esto cambiaría durante la Dinastía XVII.

169. **Los hicsos gobernaban desde Avaris.**

170. **Los hicsos construyeron fuertes fortificaciones** alrededor de sus ciudades para protegerse de los ataques de sus enemigos.

171. **Los gobernantes hicsos utilizaron sus carros y caballos** para hacerse con el control de gran parte del Bajo Egipto durante el Segundo Periodo Intermedio.

172. Se cree que **los hicsos introdujeron los carros entre los antiguos egipcios.**

173. **Cuando los hicsos se apoderaron de Menfis,** la familia real de la Decimotercera Dinastía huyó hacia el sur, a la ciudad de Tebas.

174. **Las dinastías XVI y XVII** gobernaron desde Tebas.

175. **La Decimosexta Dinastía** duró unos setenta años. A pesar de su corta vida, fue capaz de detener el avance de los hicsos en su territorio.

176. **Los faraones Seqenenre Taa y Kamose** de la Dinastía XVII dirigieron campañas militares contra las fuerzas hicsas para restaurar el control sobre el Bajo Egipto.

177. Sus esfuerzos ayudaron finalmente a **Amosis I a reunir de nuevo a todo Egipto** bajo un solo gobernante.

178. **El Segundo Periodo Intermedio** fue una época importante en la historia del antiguo Egipto. Marcó la transición del dominio extranjero al control unificado bajo un solo gobernante, estableciendo **el periodo del Imperio Nuevo.**

179. **La economía de Egipto** durante el Segundo Periodo Intermedio se centraba en la agricultura y el comercio, y se gravaban con impuestos las mercancías importadas de otras partes del mundo.

180. **El Segundo Periodo Intermedio** fue también una época de grandes intercambios culturales entre los distintos grupos de Egipto, lo que dio lugar a una mezcla de culturas egipcia, cananea y del Oriente Próximo.

El Imperio Nuevo de Egipto
(1550-1070 a. C.)

Explore la fascinante historia **del Imperio Nuevo de Egipto,** que duró de 1550 a 1070 a. C. **Fue un periodo de gran riqueza y prosperidad.** Descubra treinta datos interesantes sobre la cultura, las creencias y el arte de este periodo.

Descubra el legado de faraones como **Tutankamón, Hatshepsut, Ramsés II y Tutmosis III,** que hicieron grandes contribuciones al reino. Y explore las obras literarias que proporcionan información sobre la vida social, política y religiosa de la época.

181. **El Imperio Nuevo de Egipto** duró entre 1550 y 1070 a. C., aproximadamente.

182. **Fue un periodo de gran riqueza** y prosperidad en Egipto.

183. Durante esta época se lanzaron campañas militares para **expandir el reino egipcio,** que condujeron a victorias sobre Nubia y Siria-Palestina.

184. Faraones como **Tutankamón, Hatshepsut, Ramsés II y Tutmosis III** gobernaron durante esta época de la historia del antiguo Egipto.

185. **La reina Hatshepsut** fue la segunda mujer faraón de Egipto. Hizo muchas contribuciones al reino, como el envío de misiones diplomáticas a Punt para comerciar y la ampliación del complejo religioso de Deir el-Bahri, cerca de Luxor, que sigue en pie hoy en día.

186. **Tutmosis III** transformó Egipto dirigiendo diecisiete exitosas campañas militares. Se hizo con el control de gran parte del territorio.

187. **El faraón Amenhotep II** dirigió varias campañas militares de éxito contra Nubia durante su gobierno sobre Egipto, lo que le llevó a ser recordado como uno de los gobernantes más poderosos de esta época.

188. Durante el reinado de Akenatón se estableció **una nueva capital llamada Amarna.**

189. **Akenatón intentó cambiar la religión de Egipto** promoviendo un único dios llamado Atón en lugar de las creencias politeístas tradicionales.

190. No se sabe cómo **murió Akenatón, pero su hijo, Tutankamón,** revirtió las políticas de su padre en materia de religión.

191. **Nefertiti estaba casada con Akenatón.** Algunos creen que gobernó tras la muerte de su marido. Su busto es una de las piezas más conocidas del arte egipcio antiguo.

192. **El rey Tutankamón se hizo famoso por su tumba,** descubierta por Howard Carter en 1922. Sus numerosos tesoros yacen intactos, incluido el sarcófago del propio niño-rey.

193. **Se cree que Ramsés II fue uno de los mayores faraones de la historia egipcia.** Conquistó otras naciones en la batalla y construyó muchos monumentos en Egipto, incluido el Ramesseum cerca de Luxor, que era el templo mortuorio de Ramsés.

194. **Los hititas y los egipcios libraron la batalla de Qadesh** en 1274 a. C., en la que ambos bandos se proclamaron vencedores.

195. **La batalla dio lugar al primer tratado de paz conocido de la historia,** firmado por el rey de los hititas y Ramsés II.

196. **Las redes comerciales florecieron** entre Egipto, Nubia, Siria, Anatolia (Turquía), Grecia y Creta, lo que supuso una afluencia de riqueza al país.

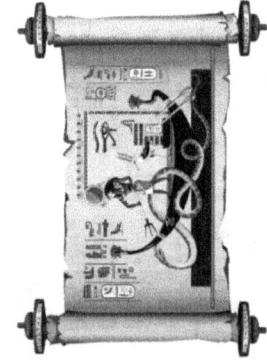

197. **Los egipcios intercambiaban papel de papiro, lino, oro** y grano por madera, plata, cobre y ganado.

198. **Durante este periodo se seguía practicando la momificación** para preservar los cuerpos para los rituales funerarios.

199. **Las técnicas de embalsamamiento avanzaron** durante este periodo, y se han encontrado momias de más de tres mil años de antigüedad que aún hoy se conservan en excelentes condiciones.

200. También se siguieron creando **elaboradas tumbas que contenían tesoros como joyas y amuletos de piedras preciosas.**

201. En lugar de construir pirámides gigantescas, los faraones de las dinastías XVIII a XX fueron enterrados en **el Valle de los Reyes,** situado en la actual Luxor.

202. Durante este periodo, **cultos religiosos como Atón, Amón-Ra, Osiris e Isis** cobraron importancia en el reino. Todos los años se celebraban festivales como el Opet para festejar al faraón, que se creía hijo de Amón-Ra.

203. **La artesanía gozaba de gran prestigio.** Los artesanos utilizaban técnicas complejas para crear hermosas piezas de joyería de oro y plata. Estos objetos aún pueden verse hoy en día, como la máscara mortuoria de Tutankamón.

204. **La música, la danza y el teatro eran formas populares** de entretenimiento para plebeyos y realeza.

205. **Los acontecimientos astronómicos, como los eclipses y los solsticios, se estudiaban y registraban** durante este periodo, lo que ayudaba a los egipcios a comprender mejor su entorno y cómo les afectaba.

206. **El reloj de sol más antiguo que se conoce en el mundo se creó alrededor del año 1500 a. C.** Estaba marcado con jeroglíficos para indicar las horas de salida y puesta del sol.

207. **El día de veinticuatro horas se inventó durante el Imperio Nuevo.**

208. Entre las obras literarias del antiguo Egipto destaca **las *Instrucciones de Amenemope,*** una guía sobre cómo vivir con éxito.

209. El *Libro de los Muertos* se escribió durante este periodo. Proporcionaba información esencial sobre cómo navegar con éxito por la otra vida.

210. **La literatura del Imperio Nuevo** ofrecía una visión de la vida social, política y religiosa. Estas obras exploraban temas como los roles de género, la dinámica del poder, el comercio y las actividades cotidianas, proporcionando perspectivas únicas sobre la cultura que las pruebas arqueológicas por sí solas no pueden ofrecer.

El Tercer Periodo Intermedio en Egipto
(1070-664 a. C.)

El Tercer Periodo Intermedio de Egipto abarcó desde 1070 hasta 664 a. C., y fue una época de grandes cambios culturales. En este capítulo, exploraremos treinta datos interesantes sobre el Tercer Periodo Intermedio. Poderosos líderes militares, como Shabaka, fueron esenciales para restaurar el poder regional de Egipto.

211. **El Tercer Periodo Intermedio** en Egipto duró aproximadamente del 1070 al 664 a. C.

212. El Tercer Periodo Intermedio se extendió **desde la Vigesimoprimera Dinastía hasta la Vigesimoquinta Dinastía.**

213. Durante este periodo, **Egipto estuvo gobernado** por potencias extranjeras, como **los nubios y los libios.**

214. Egipto se dividió en dos regiones: **El Bajo Egipto en el norte y el Alto Egipto en el sur.**

215. **La Vigesimoquinta Dinastía** destaca por estar formada únicamente por gobernantes kushitas.

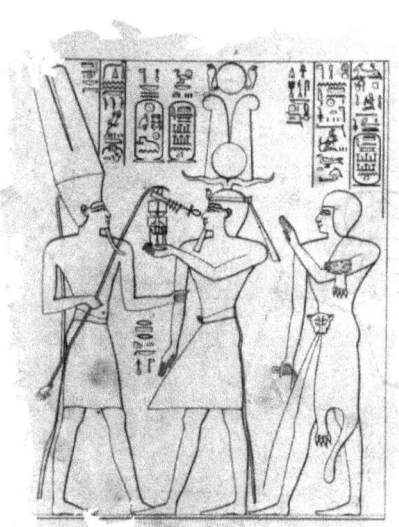

216. Aunque **la Vigesimoquinta Dinastía fue una línea de faraones kushitas,** no cambiaron la cultura egipcia. Los kushitas adoptaron la cultura egipcia, ya que utilizaron la lengua y las técnicas artísticas egipcias.

217. **Durante este periodo se construyeron una serie de tumbas reales en El Kurru,** cerca de la frontera de Sudán con Egipto. Estas tumbas kushitas son algunos de los yacimientos arqueológicos más importantes de este periodo en toda África.

218. **Los kushitas construyeron pirámides en el valle del Nilo;** hacía siglos que no se construían pirámides allí.

219. **Tanis, en el noreste del delta del Nilo,** se convirtió en una ciudad importante durante el Tercer Periodo Intermedio. Fue la capital de la Dinastía XXI.

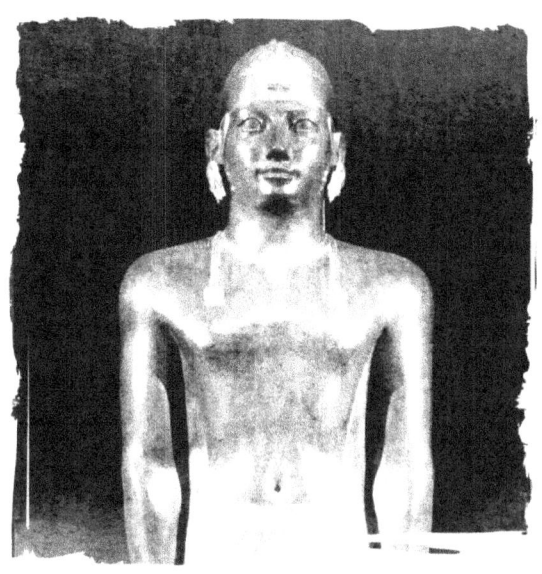

220. **Shoshenq I fundó la Vigesimosegunda Dinastía.** Los faraones de esta dinastía procedían de una tribu libia.

221. **La Vigesimosegunda Dinastía** se solapó con la Vigesimotercera Dinastía. Estas dos dinastías vieron una caída en el poder de Egipto.

222. **En este periodo se recurrió a mercenarios griegos** y surgieron líderes militares influyentes, como Shabaka y Tafnajt.

223. **Tafnajt fundó la efímera Vigesimocuarta Dinastía.** Intentó restaurar el poder sobre el Alto Egipto desde su capital, Sais.

224. **Tafnajt formó la dinastía porque Piye,** un rey nubio, pretendía ampliar su control sobre Egipto.

225. **La Vigesimocuarta Dinastía** llegó a su fin cuando Shebitqo, el segundo faraón de la Vigesimoquinta Dinastía, capturó Sais.

226. **Piye fue el fundador de la Vigesimoquinta Dinastía.** Gobernó desde Napata, situada en el actual Sudán.

227. **Shabaka era nieto de Piye**. Su reinado destaca porque **cambió la capital** a Tebas y consolidó el dominio kushita sobre Egipto.

228. **La Vigesimoquinta Dinastía fue grande,** ya que llegó a controlar el Bajo y Alto Egipto y Kush (Nubia).

229. En este periodo también se produjo un gran **intercambio cultural entre Egipto y otros países.**

230. **En el Tercer Periodo Intermedio** aumentó el comercio egipcio con otras partes del mundo, principalmente a través de sus puertos en el mar Rojo.

231. **Los puertos del mar Rojo no tenían acceso al Mediterráneo por aquel entonces,** aunque es probable que los egipcios siguieran comerciando con sociedades asentadas en el Mediterráneo durante este periodo.

232. Algunos de los **socios comerciales más importantes de Egipto** durante el Tercer Periodo Intermedio fueron el sur de Persia y las tierras al sur de Egipto en África.

233. Durante este periodo, **era habitual que los gobernantes dieran tierras o regalos a sus seguidores** para mantener la lealtad. Algunas personas incluso recibieron parcelas de tierra de sus reyes.

234. A finales de este periodo surgió **un nuevo tipo de escritura, el demótico,** que se utilizaba principalmente en documentos administrativos y registros en todo Egipto.

235. **La escritura demótica se hizo más popular durante el Periodo Tardío.**

236. **La Vigesimoquinta Dinastía** fue expulsada por los neoasirios.

237. **Los asirios instalaron a Psamético I en el trono de Egipto.**

238. **Durante el reinado del faraón Psamético I,** que duró del 664 al 610 a. C., Egipto se hizo más independiente.

239. **Psamético consiguió la ayuda de los lidios**, que le enviaron mercenarios griegos.

240. **Psamético y sus sucesores pudieron retomar el control de Egipto,** aunque tuvieron que enfrentarse a más amenazas extranjeras en el futuro.

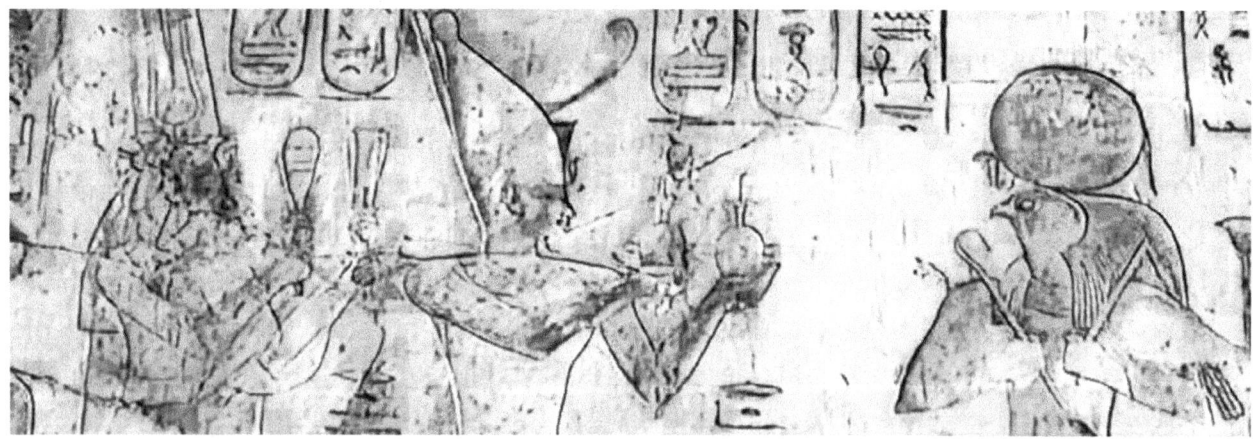

El período tardío en Egipto
(664-332 a. C.)

En este capítulo exploraremos la fascinante historia del antiguo **Egipto durante el Periodo Tardío**. Veremos **treinta datos interesantes sobre su cultura,** así como sus avances en medicina, comercio, escritura y arte.

Con tanto que aprender, **vamos a sumergirnos en la apasionante historia** del Periodo Tardío en Egipto.

241. **El Periodo Tardío en Egipto** duró del 664 al 332 a. C.

242. **Fue el último periodo de gobierno egipcio independiente** antes de quedar subordinado a imperios extranjeros.

243. En esta época, **los faraones seguían siendo venerados como dioses vivientes,** pero tenían menos poder que en periodos anteriores debido a la influencia extranjera y al declive de las estructuras gubernamentales.

244. **La XXVI dinastía gobernó desde Sais, en el norte de Egipto.**

245. **Durante esta época, Egipto fue gobernado por reyes extranjeros,** como ocurrió durante la toma del poder por los persas.

246. **Los egipcios fueron conquistados por los persas bajo el mando de Cambises II** en el año 525 a. C.

247. **La Vigesimoséptima Dinastía estuvo formada por emperadores persas, como** Jerjes I y Darío el Grande.

248. Durante **la Vigesimoséptima Dinastía,** Egipto fue gobernado como una satrapía, lo que significa que era una provincia del Imperio persa, no un imperio propio.

249. **Aunque los emperadores persas se autodenominaban faraones de Egipto,** la satrapía egipcia estaba gobernada por sátrapas o gobernadores.

250. **La XXVIII Dinastía sólo tuvo un rey, Amirtaeus,** que gobernó desde Sais.

251. **Se rebeló contra los persas,** pero fue derrocado por el fundador de la XXIX Dinastía.

252. **La Vigesimonovena Dinastía duró poco,** unos veinte años.

253. **La Trigésima Dinastía fue la última dinastía de gobernantes nativos.** Duró entre 380 y 343 a. C., aproximadamente.

254. **Los persas volvieron a conquistar Egipto,** iniciando la Trigésima Primera Dinastía.

255. **Un faraón famoso durante el Periodo Tardío fue Necao II,** que formó parte de la Vigesimosexta Dinastía. **Comenzó a construir un canal desde el río Nilo hasta el mar Rojo.** Nunca llegó a terminarlo, pero es el primer intento conocido de canal que conecta estas dos masas de agua.

256. **Bajo dominio extranjero, el comercio floreció entre Egipto y otros países** como Grecia, Roma, Siria y Mesopotamia, lo que aportó riqueza a las ciudades egipcias.

257. **Egipto era una potencia económica importante,** que exportaba productos como lino, especias y perfumes, entre otros.

258. **En esta época, la escritura se inclinó más hacia el egipcio demótico y se alejó de los jeroglíficos.** El egipcio demótico era un tipo de escritura cursiva.

259. El arte siguió siendo importante durante este periodo. **Los egipcios creaban estatuas realistas** y obras de bronce, oro y plata.

260. **La música también desempeñaba un papel esencial** en la vida cotidiana y en las ceremonias religiosas.

261. **A lo largo del año se celebraban festivales religiosos** en honor de diferentes dioses.

262. Durante este periodo **se adoraba a muchos dioses,** como **Osiris** (dios del inframundo), **Ra** (dios del sol), **Isis** (diosa de la magia), **Horus** (dios con cabeza de halcón), **Bastet** (diosa gata), **Anubis** (dios con cabeza de chacal) y **Toth** (dios del conocimiento).

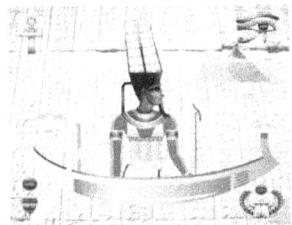

263. El dios más importante durante este periodo fue **Amón-Ra,** al que se consideraba **un dios creador.**

264. **Toth también cobró importancia durante el Periodo Tardío.** Por ejemplo, millones de ibis muertos fueron momificados cerca de su centro de culto, Khmun.

265. **Todavía se practicaba la momificación** para conservar los cuerpos y enterrarlos en las tumbas tras la muerte.

266. **Las mujeres tenían más derechos en la sociedad** que en épocas anteriores. Incluso podían tener propiedades.

267. **En el Periodo Tardío, Egipto** seguía siendo una sociedad patriarcal. Aunque **las mujeres tenían más derechos en Egipto que en otras civilizaciones antiguas,** no tenían mucha voz en la gestión de las cosas.

268. **La medicina seguía avanzando en el antiguo Egipto.** El Papiro de Brooklyn, que data del Periodo Tardío, habla de remedios mágicos y naturales para las mordeduras de serpiente.

269. **El periodo tardío fue una época de crecimiento intelectual,** en la que los eruditos escribieron libros sobre temas como las matemáticas, la astronomía, la religión y la filosofía.

270. **El periodo tardío terminó cuando Alejandro Magno se apoderó de Egipto en el 332 a. C.** Egipto pasó a formar parte de su imperio.

El periodo persa en Egipto
(525-404 y 343-332 a. C.)

Este capítulo se adentrará en la rica historia de **los persas de Egipto.** Como ya hemos hablado brevemente de su dominio, nos centraremos en el dominio persa en su conjunto. Exploremos diez hechos interesantes sobre el dominio persa.

271. **El periodo persa en Egipto** consta en realidad de varias dinastías: la Vigésimo séptima Dinastía y la Trigésimo primera Dinastía.

272. **Los reyes persas gobernaron gran parte de Oriente Próximo y el norte de África, incluido Egipto** y partes del actual Irak, Irán, Siria y Turquía.

273. **Los persas eran conocidos por su excepcional uso de los carros en la guerra.** Desarrollaron un ejército altamente organizado con un estricto código de disciplina, que fue una de las razones por las que tuvieron tanto éxito en la conquista de otros imperios de la época.

274. **Los persas introdujeron un nuevo tipo de gobierno conocido como satrapía,** un sistema de gobierno descentralizado en el que los gobernadores locales, o "sátrapas", eran nombrados para gobernar las provincias y estar al servicio del rey persa.

275. **Bajo el dominio persa, se permitía a los egipcios la libertad religiosa** siempre que permanecieran como súbditos leales. Durante este periodo se construyeron muchos templos, incluidos los dedicados a dioses como Ra, Amón-Ra, Toth e Isis.

276. **Los persas desarrollaron un sistema de riego llamado qanat** para llevar el agua de los ríos a canales con fines agrícolas y de refrigeración. Los egipcios utilizaron este sistema hasta que fue sustituido por la tecnología romana, que permitía un mejor control y distribución del agua.

277. **Durante el dominio persa, introdujeron pesos y medidas estandarizados,** que permitían comparar precios entre ciudades o países y **comerciar con mercancías con mayor precisión.**

278. **La dominación persa introdujo un sistema fiscal nuevo y más eficaz.** Se recaudaban impuestos de los terratenientes de todo Egipto, lo que ayudaba a financiar proyectos públicos como carreteras, puentes y canales que mejoraban el transporte y las comunicaciones.

279. **El dominio persa de Egipto terminó en 332. Alejandro se apoderó de la región sin tener que librar una guerra.**

280. **El dominio persa terminó en 331 a. C.,** cuando los ejércitos de Alejandro Magno los derrotaron **en la batalla de Gaugamela.**

Alejandro Magno en Egipto
(332-323 a. C.)

Este capítulo se sumerge en **la increíble historia de Alejandro Magno** y su reinado sobre Egipto, que duró del 332 al 323 a. C. Exploraremos treinta hechos fascinantes sobre su vida y los importantes cambios que llevó a cabo durante **su época como faraón.** Descubriremos **cómo difundió la cultura griega y mejoró la vida de los egipcios.** También exploraremos cómo su legado sigue vivo hoy en día a través de las ciudades que fundó.

281. **Alejandro Magno fue un rey** del antiguo reino de Macedonia.

282. **Alejandro vivió entre los años 356 y 323 a. C.** A la edad de veinte años, se convirtió en rey de Macedonia después de que su padre fuera asesinado en 336.

283. **Su padre, Filipo,** también fue un buen líder. Conquistó las ciudades-estado griegas poco antes de su muerte.

284. **Alejandro Magno está considerado uno de los mayores comandantes militares de la historia** y conquistó gran parte del mundo conocido durante su vida.

285. **En 332 a. C., Alejandro condujo su ejército a Egipto** y se apoderó del país sin guerra. **Fue proclamado faraón de Egipto.**

286. El pueblo egipcio lo proclamó **encarnación de Ra y Osiris.**

287. Aunque **Alejandro no tuvo que librar una guerra por Egipto,** sí tuvo problemas en Gaza.

288. **El comandante de Gaza se negó a rendirse.** Gaza estaba fuertemente fortificada en aquella época, por lo que tomar la ciudad no fue tarea fácil.

289. **Alejandro tardó cuatro intentos en tomar la ciudad.**

290. **Una vez conquistada,** mató a todos los hombres y esclavizó a todas las mujeres.

291. Quizá no deba sorprender que Alejandro venciera en Gaza. **Se cree que Alejandro Magno nunca perdió una batalla.**

292. **Fundó Alejandría en el 331 a. C.,** que se convirtió en una de las ciudades más importantes de la Antigüedad por su situación estratégica en el Mediterráneo.

293. **Esta ciudad es quizá el legado más perdurable de Alejandro; la ciudad es hoy la segunda más grande de Egipto.**

294. **Alejandro difundió la cultura griega** en las tierras que conquistó. Sin embargo, respetó las costumbres locales y no intentó cambiar las creencias de la gente.

295. Por ejemplo, **Alejandro vestía ropas persas y se casó con una persa,** para disgusto de algunos de sus generales.

296. **Quería una población instruida para que su reino funcionara sin problemas.** Alejandro creó muchas escuelas que enseñaban la cultura griega.

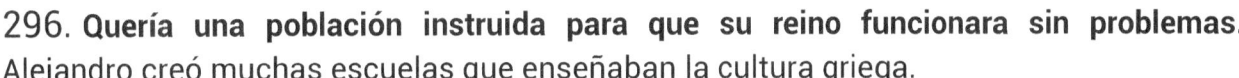

297. **Aunque tardó algún tiempo, el griego se convirtió en una lengua común en Egipto,** sobre todo entre los griegos gobernantes.

298. **Alejandro Magno construyó un templo en Egipto, que dedicó a Amón y Horus.**

299. **Alejandro no permaneció mucho tiempo en Egipto.** Poco después de fundar Alejandría, Alejandro se marchó para no volver jamás a Egipto.

300. **Dejó Egipto en manos de los egipcios,** lo que sin duda contribuyó a que se encariñaran con él.

301. **Alejandro conquistaría el Imperio Persa en el año 331 a. C.**

302. **También quería conquistar la India.** Aunque llegó hasta allí, no pudo conquistar el subcontinente indio.

303. **Alejandro murió a los treinta y dos años,** después de haber conquistado gran parte del mundo conocido, desde Grecia hasta la India.

304. **No se sabe con certeza cómo murió. Es posible que lo mataran,** aunque también es posible que contrajera malaria u otra enfermedad.

305. **La esposa de Alejandro Magno, Roxana,** estaba embarazada en el momento de su muerte. Aunque dio a luz a un hijo, éste no llegó a ser rey.

306. **Roxana y su hijo fueron asesinados en el 310 a. C.**

307. **Tras su muerte, su imperio fue repartido entre sus generales.** Estos generales lucharon entre sí para intentar ganar más territorio.

308. **No se sabe dónde descansan los restos de Alejandro Magno.** Es probable que fuera enterrado en algún lugar de Alejandría.

309. **Su cuerpo debía ser enterrado en Macedonia,** pero Ptolomeo I Soter robó el cuerpo y lo enterró en Menfis.

310. **Posteriormente, el cuerpo fue trasladado a Alejandría.** Se desconoce si el cuerpo fue trasladado de nuevo o dónde se encontraba su tumba.

El periodo ptolemaico en Egipto
(305-30 a. C.)

El periodo ptolemaico en Egipto fue una época fascinante que marcó un cambio significativo para los egipcios y su cultura. Este periodo se caracterizó **por la mezcla de creencias y costumbres griegas y egipcias.** Exploraremos **treinta hechos sobre la dinastía ptolemaica,** incluyendo su impacto en el comercio, las creencias y el gobierno.

311. **La dinastía ptolemaica no apareció de repente tras la muerte de Alejandro Magno. Ptolomeo I tuvo que luchar primero** por su parte del gran imperio de Alejandro.

312. **En el año 305 a. C., Ptolomeo,** uno de los generales de Alejandro, logró consolidar su dominio sobre Egipto, creando una dinastía que duraría hasta el año 30 a. C.

313. **Soter significa "salvador"** y fue utilizado por otros faraones de esta dinastía.

314. **Todos los gobernantes varones de la dinastía ptolemaica adoptaron el nombre de Ptolomeo.**

315. **Los faraones ptolemaicos gobernaron primero desde Menfis,** pero más tarde trasladaron la capital a Alejandría.

316. **Alejandría se convirtió en una de las ciudades más importantes de Egipto** durante este periodo. Sirvió como centro de comercio entre Europa y África y fue un centro intelectual de aprendizaje y erudición.

317. **Algunos eruditos famosos que estudiaron en Alejandría son Euclides, Arquímedes y Eratóstenes.**

318. **La famosa Biblioteca de Alejandría** fue construida por Ptolomeo I Soter.

319. **La Gran Biblioteca de Alejandría albergaba más de 400.000 pergaminos,** lo que la hizo famosa en todo el mundo antiguo.

320. **La Biblioteca de Alejandría ardió durante la estancia de César en la ciudad.** Trataba de ayudar a Cleopatra en su guerra contra su hermano y quemó algunos barcos. El fuego se propagó.

321. **Se cree que la Biblioteca de Alejandría fue reconstruida sobre esto;** no se sabe con certeza cuándo fue destruida definitivamente.

322. **La dinastía ptolemaica** supervisó un comercio muy intenso con el norte y el este de África.

323. **Egipto se convirtió en uno de los principales proveedores de grano de Roma.**

324. **La lengua griega se hizo muy popular.** Incluso se escribió en nuevos monumentos durante este periodo.

325. Es importante recordar que **los ptolomeos no eran egipcios.** Ni siquiera hablaban egipcio, **salvo Cleopatra VII.**

326. Aun así, **los gobernantes ptolemaicos respetaban la cultura egipcia** e incluso patrocinaron la construcción de nuevos templos.

327. Culturalmente, **el periodo ptolemaico fue una época de mezcla entre las creencias y costumbres griegas y egipcias.**

328. **Durante este periodo, Serapis se convirtió en un dios popular.** Era una malla de deidades griegas (**Zeus**) y egipcias (Osiris y Apis). Serapis se hizo muy popular en Roma, aunque en Egipto se le rendía culto.

329. **La Piedra de Rosetta fue tallada durante este periodo** y contenía tres escrituras diferentes: griego antiguo, egipcio demótico y jeroglíficos. Posteriormente ayudó a los eruditos a descifrar los jeroglíficos.

330. **El periodo ptolemaico vio el desarrollo de una compleja burocracia en Egipto** que incluía recaudadores de impuestos, generales militares y otros funcionarios del gobierno.

331. **El periodo ptolemaico** fue bastante sangriento. Incluso la famosa **Cleopatra mató a varios de sus hermanos** para mantener el poder sobre Egipto.

332. **Cleopatra VII fue la última gobernante de Egipto de la dinastía ptolemaica antes de que cayera bajo dominio romano en el año 30 a. C.**

333. **Durante su reinado, se alió con Julio César** contra las fuerzas de su hermano-marido en una guerra civil que acabó con ella haciéndose con el control de Egipto.

334. **El incesto no era popular en el antiguo Egipto**, pero sí tenía lugar dentro de la dinastía real. Los dioses, como **Osiris e Isis, se casaban entre sí,** por lo que era una forma de que la dinastía gobernante conectara más con las deidades.

335. **Tras el asesinato de César en Roma,** el general romano **Marco Antonio se alió con Cleopatra** contra el sobrino e hijo adoptivo de Julio César, Octavio (Augusto).

336. **La historia de amor de Marco Antonio y Cleopatra fue escrita por William Shakespeare,** quien sin duda dio un toque romántico a su relación. Sin embargo, lo más probable es que ambos se quisieran mucho y tuvieran hijos juntos.

337. **Cleopatra y Marco Antonio fueron derrotados** en la batalla de Actium en el año 31 a. C.

338. Ambos huyeron, pero al año siguiente fueron **derrotados por Octavio. Los amantes prefirieron suicidarse** antes que enfrentarse a lo que Octavio les tenía preparado.

339. **Egipto cayó bajo dominio romano,** donde permanecería durante seiscientos años.

340. Los historiadores utilizan **el dominio romano de Egipto** como un marcador práctico para indicar el final del antiguo Egipto.

El ascenso de los faraones en el Antiguo Egipto

La historia de los faraones es un increíble relato de poder e influencia que configuró la historia de la antigua civilización egipcia. Exploraremos diez hechos fascinantes sobre el gobierno de los faraones y su impacto en la sociedad egipcia.

341. **La primera dinastía de faraones comenzó alrededor del año 3100 a. C.,** durante la época conocida como el Reino Antiguo.

342. **El término faraón no se utilizó hasta el Reino Nuevo;** antes de ese momento, los gobernantes simplemente se referían a sí mismos como reyes.

343. **Los faraones eran considerados gobernantes divinos.** Actuaban como intermediarios entre el pueblo y las divinidades.

344. **Los faraones eran considerados las personas más influyentes del antiguo Egipto;** su palabra era ley.

345. **El cargo de faraón era hereditario,** por lo que se transmitía de padre a hijo o de hermano a hermano.

346. **Había mujeres faraonas,** pero no eran tan comunes. **Hatshepsut** tuvo tantas dificultades para que el pueblo la aceptara que hizo que su imagen pareciera andrógina.

347. Se cree que **170 faraones diferentes gobernaron Egipto.**

348. **La Gran Pirámide de Guiza fue** uno de los monumentos más impresionantes construidos por un faraón; tardó casi veinte años en construirse bajo el reinado de Jufu (r. 2589-2566 a. C.). **Los griegos llamaban a Jufu** "Keops".

349. **Uno de los faraones más conocidos fue Tutankamón.** El rey Tut tenía unos dieciocho años cuando murió, y su muerte está rodeada de controversia. Hoy es muy conocido gracias al descubrimiento de su tumba.

350. **La última faraona del antiguo Egipto fue Cleopatra VII,** que reinó del 51 al 30 a. C. Su reinado destaca por la guerra civil con su hermano y sus relaciones con romanos famosos, como Julio César y Marco Antonio.

Religión y dioses en el Antiguo Egipto

La religión del antiguo Egipto es parte integrante de la rica historia de esta civilización. Exploraremos diez hechos sobre la **religión, los dioses y las diosas de los egipcios**. Estos hechos nos darán una mayor comprensión de los dioses y la religión del antiguo Egipto y su legado duradero.

351. **La antigua religión egipcia** se basaba en la idea de que los dioses controlaban la naturaleza y el mundo que les rodeaba.

352. **Los egipcios creían en muchos dioses y diosas,** la mayoría de los cuales tenían forma humana con cabeza de animal.

353. **Uno de los dioses más importantes para los egipcios era Ra,** el dios del sol que también simbolizaba la creación, el renacimiento, la vida y la muerte.

354. **Los faraones eran considerados divinos,** ya que tenían una conexión con los dioses. Se creía que tenían poderes especiales procedentes de fuentes divinas.

355. **Los antiguos egipcios creían en el poder de la magia** y la utilizaban para protegerse de los malos espíritus o la mala suerte.

356. **Utilizaban conjuros escritos en jeroglíficos** para invocar espíritus que les ayudaran a curar enfermedades o a encontrar objetos perdidos.

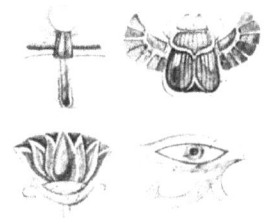

357. **El símbolo más famoso de los antiguos dioses egipcios en el arte era el anj,** que representa la vida eterna.

358. **El Ojo de Horus era otro símbolo religioso.** Se asociaba con la protección contra enemigos y fuerzas malignas, la buena salud y la prosperidad.

359. **Los antiguos egipcios celebraban varios festivales** a lo largo del año en honor de sus dioses, como **el Festival de Osiris o el Festival de Bastet.**

360. **Los antiguos egipcios creían en muchos reinos diferentes en la otra vida,** a los que la gente iba dependiendo de sus acciones mientras estaban vivos.

Pirámides y tumbas en el Antiguo Egipto

Las pirámides y tumbas creadas en el antiguo Egipto siguen inspirando asombro hoy en día y han cautivado la imaginación de personas de todo el mundo. Exploraremos diez datos sobre estos **fascinantes monumentos,** como por ejemplo para qué se utilizaban.

361. **Las pirámides eran las tumbas** de los faraones, los gobernantes del antiguo Egipto.

362. **Los egipcios creían que los faraones necesitaban sus tesoros** para tener éxito en la otra vida, por lo que sus tumbas estaban llenas de objetos valiosos como oro, joyas y muebles.

363. **Las tumbas solían estar decoradas** con bellas obras de arte que representaban escenas de la vida del antiguo Egipto, así como con jeroglíficos que contaban historias sobre la vida y los logros del difunto.

364. **Algunas de estas fascinantes construcciones** se han encontrado bajo tierra, debajo de otras estructuras, como templos o incluso ciudades; es posible que aún queden más por descubrir.

365. **Antiguamente se creía que las pirámides habían sido construidas por esclavos,** pero hoy en día el consenso general es que fueron construidas por trabajadores asalariados.

366. **Las pirámides han sido estudiadas durante siglos** por eruditos de todo el mundo, pero a día de hoy **siguen sin estar seguros de cómo se construyeron.**

367. **Algunas tumbas incluso tenían muros falsos o pasadizos que** no llevaban a ninguna parte, lo que dificultaba encontrar la entrada real. Se colocaban así para asegurarse de que nadie molestara al cuerpo que yacía en su interior.

368. **La Pirámide Escalonada de Zoser, en Saqqara,** fue una de las primeras pirámides construidas. Mide poco más de 60 metros.

369. **La Gran Pirámide** es una de las estructuras más famosas del antiguo Egipto. Fue construida **por el faraón Keops** hace unos 4.500 años y medía la increíble cifra de 147 metros. En la actualidad mide unos 137 metros de altura.

370. **La tumba más detallada y mejor conservada jamás encontrada fue la de Tutankamón,** que era sólo un adolescente cuando murió alrededor del año 1324 a. C.

Geografía y clima en el Antiguo Egipto

La geografía y el clima desempeñaron un papel importante en la historia del antiguo Egipto. Exploraremos diez datos sobre la geografía y el clima de esta antigua civilización y descubriremos las características únicas que la diferencian de otras culturas.

371. **El antiguo Egipto estaba situado cerca del mar Mediterráneo,** en el noreste de África.

372. **El clima en el antiguo Egipto era muy caluroso, seco** y soleado, con temperaturas de **hasta 40°C** (104°F).

373. **Incluso hoy en día, Egipto recibe muy poca lluvia** durante el año.

374. **Los antiguos egipcios dependían de las crecidas del río Nilo** para regar sus cultivos cada año.

375. **El río Nilo fluye de sur a norte** y es el más largo del mundo.

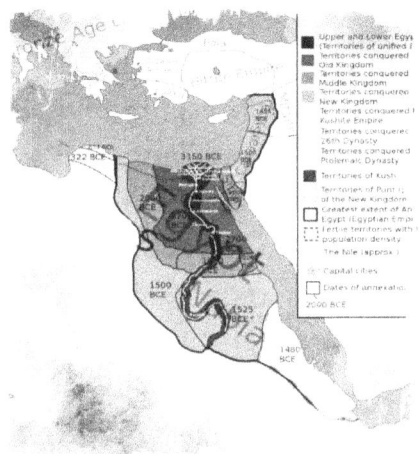

376. **Los egipcios construyeron canales y presas** para protegerse de las inundaciones y las sequías. Los canales transportaban el agua de una zona a otra cuando era necesario, mientras que las presas almacenaban el agua de las inundaciones en embalses en épocas de fuertes lluvias.

377. **Una característica única de la geografía egipcia son sus desiertos.** Estas tierras áridas cubren más del 95% de la superficie total del país. En el antiguo Egipto, los desiertos servían de barreras naturales contra la invasión de fuerzas extranjeras.

378. **El desierto del Sáhara es el mayor de Egipto,** con temperaturas que alcanzan los 47°C en verano.

379. **Las tormentas de arena son frecuentes** y a veces duran semanas.

380. **Por último, los antiguos egipcios confiaban en las estrellas** para saber cuándo era el momento de los cambios estacionales, como la siembra y la cosecha de los cultivos, y cuándo empezar a navegar y comerciar a lo largo del Nilo.

Escritura y jeroglíficos en el antiguo Egipto

A continuación, **exploraremos diez datos sobre el sistema de escritura del antiguo Egipto,** incluidos **los jeroglíficos y la escritura hierática.** El sistema de escritura egipcio es una de las cosas más conocidas de esta antigua sociedad, ¡así que vamos a aprender un poco más sobre esto!

381. **Los antiguos egipcios** utilizaban un sistema de escritura único llamado jeroglíficos, que **empleaba imágenes para representar palabras** e ideas.

382. **Egipto fue una de las cuatro sociedades antiguas que desarrollaron la escritura** de forma independiente.

383. **Los primeros ejemplos conocidos de jeroglíficos datan de alrededor del año 3400 a. C.,** es decir, antes del Reino Antiguo.

384. Además de utilizarse en ceremonias religiosas y documentos legales, **los jeroglíficos servían para contar historias sobre dioses y reyes** de antaño.

385. **Los escribas del antiguo Egipto escribían con plumas de caña o pinceles de pelo de animal.** Estos utensilios de escritura se sumergían en tinta negra hecha de hollín mezclado con agua o zumo vegetal, como el de cebolla.

386. **Los antiguos egipcios escribían en papel de papiro,** que se fabricaba con el tallo de la planta del papiro.

387. **La escritura hierática es una forma de escritura cursiva desarrollada por los antiguos** egipcios y se utilizaba para documentos cotidianos, cartas y registros.

388. **Los antiguos egipcios también escribían con números hieráticos**, un sistema en el que los números se escriben con símbolos y no como hoy, con dígitos (1, 2, 3, etc.).

389. **La Piedra de Rosetta es una famosa tablilla de piedra** escrita en tres alfabetos diferentes: jeroglífico, egipcio demótico y griego.

390. **Aunque se pueden encontrar jeroglíficos en las paredes de tumbas y pirámides,** nunca se encontraron jeroglíficos en las Pirámides de Guiza.

Gobierno y administración en el Antiguo Egipto

En este capítulo exploraremos **el gobierno y la administración del antiguo Egipto.** Veremos diez datos interesantes sobre los sistemas de gobierno, las leyes y los nomos de Egipto.

391. **Las ciudades egipcias estaban divididas en distritos administrativos llamados nomos.**

392. **Cada nomo tenía un gobierno local dirigido por un nomarca,** responsable de recaudar impuestos y mantener los servicios públicos.

393. Para controlar el paradero y las actividades de los ciudadanos, los **antiguos egipcios llevaban registros de nacimientos, defunciones y matrimonios.**

394. **El gobierno egipcio gravaba con impuestos** las mercancías importadas de otros países.

395. **Los antiguos egipcios contaban con un amplio sistema de pesos y medidas** para calcular con precisión los precios de los productos que se comercializaban.

396. **Este sistema incluía cosas** como medir el grano por el **hekat** (una unidad equivalente a unos cinco litros) o pesar el oro por el **deben** (una unidad equivalente a noventa y un gramos).

397. **Los antiguos egipcios disponían de un servicio postal** que les permitía comunicarse con otras partes del reino.

398. **Los mensajes se enviaban** a través de palomas mensajeras o de mensajeros a pie conocidos como heraldos.

399. Algunas **leyes egipcias castigaban** a quienes desobedecían las órdenes de las autoridades superiores (como robar) o protegían los derechos de los ciudadanos (como el acceso al agua potable).

400. **La ley egipcia se basaba en Ma'at,** su concepto de justicia. Si Ma'at no funcionaba, la sociedad se derrumbaba.

El ejército en el Antiguo Egipto

En este capítulo exploraremos diez datos fascinantes sobre **el antiguo ejército egipcio.** Veremos sus rangos, armas, tácticas y batallas famosas.

401. **A partir de la dinastía XII, los faraones crearon ejércitos permanentes** para proteger a Egipto de los enemigos cercanos.

402. **El ejército egipcio tenía un sistema organizado de rangos y oficiales,** que les ayudaba a mantener el orden en el campo de batalla.

403. **Los comandantes militares** solían llevar cascos de bronce decorados con una cobra o un buitre para simbolizar su rango y autoridad.

404. **Los soldados del antiguo Egipto** solían ser reclutados entre la clase baja. Los prisioneros de guerra también luchaban.

405. **Los soldados del antiguo Egipto** llevaban a la batalla lanzas, espadas, arcos y flechas, hondas y hachas de bronce.

406. **La mayor arma del arsenal del antiguo Egipto era una lanza de hierro llamada arpón,** que podía atravesar armaduras desde distancias lejanas. Estas armas sólo estaban al alcance de las personas adineradas debido a su elevado coste.

407. Además del entrenamiento con armas, **los hombres aprendían a mantener la disciplina** acatando órdenes sin cuestionarlas, lo que era clave para lograr la victoria sobre los adversarios.

408. **Los antiguos egipcios contaban con una armada,** que llegó a ser muy avanzada en la época del Segundo Periodo Intermedio.

409. **También utilizaban carros tirados por caballos** durante las batallas para tener ventaja sobre los enemigos a pie. Cabalgaban alrededor de las líneas enemigas mientras les disparaban flechas. **Los carros desempeñaban un papel muy importante en las batallas del antiguo Egipto.**

410. **La batalla más famosa del antiguo Egipto** tuvo lugar entre **Ramsés II y los hititas** en Kadesh. Ambos bandos declararon una tregua al darse cuenta de que ninguno de los dos había ganado de forma decisiva. Éste sigue siendo uno de los primeros ejemplos de diplomacia de la historia.

Economía y comercio en el Antiguo Egipto

Explora la economía y el comercio del antiguo Egipto en esta sección. Descubriremos diez datos interesantes sobre cómo los egipcios construyeron una extensa red comercial y **desarrollaron complejos sistemas fiscales.** También aprenderemos cómo viajaban largas distancias.

411. **Egipto era uno de los principales actores económicos del mundo antiguo** y exportaba a otros países productos como papiro, lino, joyas, aceites, cereales y especias.

412. **El país también poseía numerosas minas de oro.** Los mineros recibían por su trabajo salarios y raciones de comida. Sin embargo, Egipto importaba más oro del que extraía.

413. **Los egipcios construían barcos de madera** y **cañas de papiro bien atadas**. Los utilizaban para transportar mercancías entre puertos a lo largo del río Nilo o a través del mar Mediterráneo.

414. **Los antiguos fenicios del actual Líbano comerciaban con los egipcios** e intercambiaban productos como vino, aceitunas y cristalería por trigo, lino y monedas de plata egipcias.

 415. **El comercio entre Egipto y otros países africanos** aumentó en el siglo XIII a. C., ya que intercambiaban especias, marfil y metales preciosos.

416. **También crearon una extensa red de rutas comerciales** que permitía a los mercaderes recorrer grandes distancias a través de tierras desérticas.

417. **En el Reino Nuevo,** los mercaderes egipcios **utilizaban camellos en lugar de burros** para recorrer largas distancias por tierras desérticas. Tenían que cruzar las ardientes arenas cuando comerciaban con ciudades lejanas como Damasco, en Siria, o Nubia (actual sur de Egipto y norte de Sudán).

418. **Los mercaderes establecieron gremios comerciales** que fijaban normas de precios, calidad y cantidad cuando comerciaban con otros países o dentro de Egipto.

419. **Los faraones gravaban a los terratenientes con el 10% de sus cosechas,** que luego redistribuían entre los ciudadanos que no podían permitirse alimentos durante las hambrunas o sequías.

420. **Los gobernantes egipcios empezaron a gravar los bienes importados ya en el 2500 a. C.,** con el fin de recaudar ingresos para financiar proyectos gubernamentales como la construcción de monumentos o la preparación de ejércitos para la guerra.

Arte y arquitectura en el Antiguo Egipto

En este capítulo exploraremos **el fascinante arte y la arquitectura del antiguo Egipto.** Veremos diez datos interesantes sobre las estructuras que construyeron, sus estatuas y pinturas, y su uso de joyas y piedras preciosas.

421. **Los egipcios construyeron algunas de las estructuras más magníficas del mundo antiguo,** como pirámides y templos.

422. **La pirámide escalonada de Saqqara fue el primer edificio monumental de piedra de Egipto.** Se construyó aproximadamente hacia el año 2650 a. C.

423. **La Gran Esfinge es uno de los monumentos más famosos de Egipto.** Guarda la pirámide de Kefrén en la meseta de Guiza.

424. **Utilizaban grandes piedras para sus construcciones;** los bloques de caliza pesaban, de media, ¡más de dos toneladas cada uno!

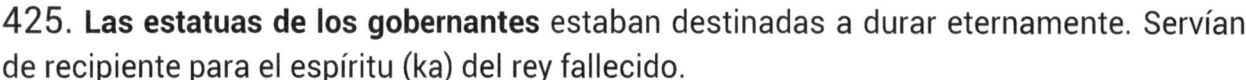

425. **Las estatuas de los gobernantes** estaban destinadas a durar eternamente. Servían de recipiente para el espíritu (ka) del rey fallecido.

426. Aunque estamos más familiarizados con las esculturas y estatuas que pertenecían a la élite, **las clases bajas tenían estatuillas colocadas en sus tumbas para que sirvieran de recipientes para los espíritus.**

427. **Los antiguos egipcios solían decorar sus tumbas** con coloridos dibujos de personas, animales y plantas.

428. **Los egipcios utilizaban cinco colores principales** en sus obras de arte: negro, azul, dorado, verde y rojo.

429. **Los gatos aparecían a menudo en el arte egipcio.** Los antiguos egipcios creían que los gatos eran animales sagrados que les protegían de plagas como serpientes y escorpiones.

430. **Las joyas del antiguo Egipto** se fabricaban **con piedras preciosas** como lapislázuli y oro. También se utilizaban cuentas de vidrio de colores.

Literatura y poesía en el Antiguo Egipto

En este capítulo exploraremos **la fascinante literatura del antiguo Egipto**. Descubriremos diez hechos fascinantes sobre su uso de las palabras para expresar historias, emociones, creencias e historia.

431. El primer relato conocido de la literatura egipcia antigua es **"La historia de dos hermanos",** que data de alrededor del año 1200 a. C. **Esta historia habla de la realeza y la divinidad** del faraón.

432. **La literatura del antiguo Egipto** también se utilizaba para registrar la historia y contar historias, como el famoso poema épico "La historia de Sinuhé".

433. **La poesía era una importante forma de expresión en el antiguo Egipto.** Los poemas se utilizaban para contar historias o expresar emociones como el amor, la alegría y la tristeza.

434. Se sabe que **los poetas del antiguo Egipto** escribían sobre la belleza de la naturaleza y su amor por la vida.

435. **Un tipo de poema de esta época eran los cantos fúnebres,** canciones fúnebres que se cantaban por los difuntos.

436. Otras formas famosas de **poesía del antiguo Egipto son los himnos a los dioses, los proverbios y las adivinanzas.**

437. Un ejemplo de **poesía egipcia antigua son las Instrucciones de Amenemhat,** escritas durante el Reino Medio. Las "Instrucciones" son precisamente eso, instrucciones de un gobernante a su hijo en forma de poema.

438. **Los antiguos egipcios creían que leer y escribir poesía podía ser mágico.** Podía traer cosas a la existencia y curar enfermedades.

439. **Los dioses y diosas del antiguo Egipto** aparecían a menudo en poemas. Se les solía representar como figuras poderosas pero benévolas.

440. **Se pensaba que la poesía era una** forma de conectar con los dioses y diosas.

Ciencia y tecnología en el Antiguo Egipto

En este capítulo exploraremos **los increíbles logros científicos y tecnológicos de los antiguos egipcios.** Veremos diez datos interesantes sobre sus **matemáticas, ingeniería y astronomía.** También descubriremos cómo los antiguos egipcios desarrollaron complejos **sistemas para medir el tiempo** y utilizaron el entorno natural en su beneficio.

441. **Los antiguos egipcios fueron de los primeros en utilizar la medicina,** las **matemáticas** avanzadas y la **ingeniería** en su vida cotidiana.

442. **Inventaron un sistema numérico** basado en múltiplos de diez, que luego utilizaron otras civilizaciones como Grecia y Roma.

443. **También crearon herramientas para medir**, como balanzas, reglas y plomadas, algunas de las cuales se han descubierto también en el interior de templos antiguos.

444. **Las pirámides de Egipto son una de las estructuras antiguas más impresionantes.** Aunque no se sabe con certeza cómo se construyeron, su construcción requirió complejas ecuaciones matemáticas para que sus lados estuvieran alineados.

445. **La astronomía era muy importante** para los antiguos egipcios. Llevaban la cuenta del tiempo utilizando grupos de estrellas llamados decanos.

446. **Los antiguos egipcios** fueron los primeros en crear un reloj de sol, que les permitía utilizar el sol para saber la hora.

447. Antes **se utilizaban obeliscos para saber la hora** basándose en la sombra del sol.

448. **La fabricación de vidrio fue otra habilidad** desarrollada durante este periodo; en muchas tumbas se han encontrado objetos de vidrio, como espejos, cuentas y amuletos. Aunque no fueron los primeros en crear vidrio, perfeccionaron sus técnicas para crear obras asombrosas.

449. **Los antiguos egipcios fueron los primeros en utilizar una forma sencilla de fontanería.** Utilizaban tuberías de arcilla (y, más tarde, de cobre) para trasladar el agua de un lugar a otro.

450. **Los egipcios construyeron barcos con velas** de lino para poder navegar por los ríos o realizar largas travesías por el Mediterráneo o el mar Rojo.

Estructura social y roles en el Antiguo Egipto

En este capítulo exploraremos **la estructura social del antiguo Egipto.** Echaremos un vistazo a diez datos interesantes sobre sus clases, educación, derechos de la mujer y entretenimiento.

451. **La población del antiguo Egipto se dividía en dos clases principales.** Estaba **la clase alta,** rica y privilegiada, que tenía acceso a mejores recursos. **Los ciudadanos de clase baja** vivían de lo que podían conseguir trabajando duramente sin obtener mucho a cambio más que lo necesario, como comida y cobijo.

452. **Los sacerdotes eran muy poderosos** y supervisaban las ceremonias y rituales religiosos.

453. Los escribas también eran importantes. Escribían leyes o información esencial, como decretos reales o registros fiscales, en rollos de papiro utilizando **un pincel llamado pluma de caña.** La pluma se mojaba en tinta hecha de hollín mezclado con agua o pegamento a base de miel.

454. **Los agricultores trabajaban la tierra a lo largo del río Nilo.** Cultivaban trigo, cebada y otras cosechas, que proporcionaban alimentos a los egipcios y comerciaban con otros países cercanos.

455. **Los mercaderes comerciaban con otras civilizaciones.** La tierra de Punt era uno de los socios comerciales más importantes del antiguo Egipto. Aún se desconoce la ubicación exacta de Punt, pero estaba situada en algún lugar de la región del mar Rojo.

456. **Los artesanos fabricaban joyas de oro y plata** con herramientas como martillos y sierras para tallar piedras. Los alfareros utilizaban arcilla para fabricar vasijas para almacenar líquidos o cocinar alimentos al aire libre.

457. **La educación sólo estaba al alcance de las clases acomodadas,** ya que podían permitirse tutores que enseñaran a sus hijos **a leer y escribir** y a resolver problemas matemáticos. **A los niños de clase baja se les enseñaba en casa.**

458. Las mujeres tenían menos derechos que los hombres, pero seguían desempeñando un papel esencial en la sociedad al administrar los hogares, cuidar de los niños e hilar el hilo de la planta del lino. **Las mujeres del antiguo Egipto tenían más derechos que las de otras civilizaciones antiguas.**

459. La música era popular entre los egipcios, ya fuera escuchando a músicos profesionales tocar instrumentos en festivales o cantando canciones durante ceremonias religiosas dedicadas a los dioses.

460. El entretenimiento era una parte esencial de la vida de la gente de esta época. Los antiguos egipcios disfrutaban con los **juegos de mesa** y los **deportes al aire libre.** La forma más antigua de **jugar a los bolos** se remonta al antiguo Egipto.

Vestimenta y apariencia en el Antiguo Egipto

En este capítulo exploraremos la fascinante **historia de la indumentaria en el antiguo Egipto.** Veremos diez datos interesantes sobre **los materiales, los diseños, las joyas, el maquillaje y las prácticas de higiene** de la época.

461. **Aunque los antiguos egipcios vestían ropas coloridas.** Al principio de la civilización egipcia, **sólo vestían lino blanco.**

462. **Las ropas de los ricos estaban hechas de lino fino** u otros materiales caros como la seda.

463. **Los hombres llevaban vestidos similares a las faldas escocesas, llamados** *schenti,* con pliegues en la parte delantera y largas fajas en la cintura.

464. **Las mujeres de alto rango solían llevar un vestido tipo tubo,** ceñido a la cintura, pero suelto por debajo para poder moverse mejor al caminar o bailar.

465. En el antiguo Egipto se consideraba que **las personas mayores** eran más sabias, por lo que a menudo **elegían estilos de ropa tradicionales** en lugar de otros más modernos para demostrar su sabiduría.

466. **La mayoría de la gente vestía según su clase social,** que era una forma de distinguir entre ricos y pobres.

467. **Los hombres y mujeres de clase alta llevaban joyas,** como collares, pendientes, brazaletes, tobilleras, pelucas y tocados, para mostrar su riqueza o sus creencias religiosas.

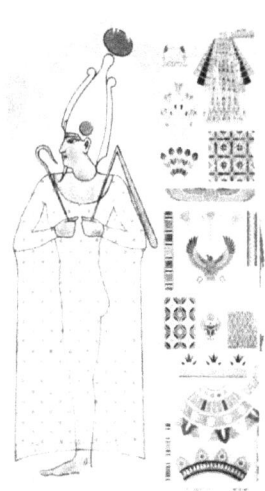

468. **Todos los antiguos egipcios llevaban joyas,** que se utilizaban para denotar el estatus de cada uno. Por ejemplo, **el oro sólo podían llevarlo los reyes, la realeza y los sacerdotes.**

469. **Los antiguos egipcios solían maquillarse con kohl** (delineador de ojos negro) y **colorete** (polvo rojo que se aplicaba en las mejillas).

470. **La mayoría de la gente se bañaba con regularidad. Los pobres se bañaban en el Nilo,** mientras **que la élite lo hacía en el interior.** Los antiguos egipcios también **se perfumaban** con flores o especias.

La ganadería y la agricultura en el Antiguo Egipto

Este capítulo explora las complejas técnicas agrícolas y ganaderas de los antiguos egipcios. Veremos diez datos interesantes sobre sus **cultivos, herramientas, ganado y técnicas** utilizadas para garantizar el éxito de las **cosechas.**

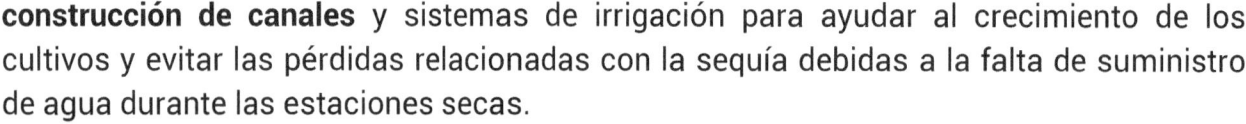

471. **Los antiguos egipcios cultivaban trigo farro, cebada y ajo como alimentos básicos de su dieta.**

472. **Utilizaban un arado llamado arado romano** para remover la tierra y plantar los cultivos en el valle del Nilo.

473. **Los agricultores utilizaban el estiércol de vacas y búfalos** para fertilizar sus campos antes de plantar nuevos cultivos.

474. **Los agricultores del antiguo Egipto** solían utilizar máquinas sencillas, como palancas y poleas, para levantar cargas pesadas con más facilidad.

475. **Los antiguos agricultores egipcios eran expertos en la construcción de canales** y sistemas de irrigación para ayudar al crecimiento de los cultivos y evitar las pérdidas relacionadas con la sequía debidas a la falta de suministro de agua durante las estaciones secas.

476. **Los antiguos agricultores egipcios llevaban un registro de sus cosechas contando el grano y anotándolo en un libro de contabilidad.** Esto les ayudaba a **llevar un registro** de la cantidad que producían cada año para poder planificar las necesidades futuras o cualquier posible escasez.

477. **La pesca en las orillas de los ríos era una actividad importante** que contribuía significativamente a la alimentación en distintas épocas, aunque los egipcios pescaban durante todo el año.

478. **La apicultura también se practicaba en el antiguo Egipto.** La miel era apreciada por sus propiedades curativas y se utilizaba para hacer más sabrosos los alimentos. A menudo se consumía con pan durante las comidas.

479. **Las cabras, las ovejas y las aves de corral eran animales muy populares en el antiguo Egipto;** su lana podía hilarse para fabricar tejidos, mientras que las gallinas proporcionaban huevos y carne como fuentes de proteínas.

480. **Los antiguos egipcios también tenían perros y gatos en sus granjas y hogares** para mantener las plagas alejadas de los cultivos. Así se aseguraban de que los insectos y roedores **no contaminaran los alimentos** que producían.

Medicina y salud en el Antiguo Egipto

Este capítulo explora las **extraordinarias prácticas médicas de los antiguos egipcios.** Profundizaremos en diez datos interesantes sobre sus tratamientos, herramientas y descubrimientos. Exploraremos cómo utilizaban sus conocimientos **de anatomía y fisiología para curar a los enfermos y protegerse de las enfermedades.**

481. **Los antiguos egipcios creían que el cuerpo humano estaba formado por cinco elementos** que debían estar equilibrados para gozar de buena salud.

482. **Los antiguos egipcios utilizaban la medicina como parte de sus prácticas religiosas,** incluyendo hechizos, rituales y ofrendas a dioses o diosas que se creía que protegían contra las enfermedades.

483. **Los médicos utilizaban diversas hierbas y minerales** en tratamientos como cataplasmas, ungüentos y bebidas.

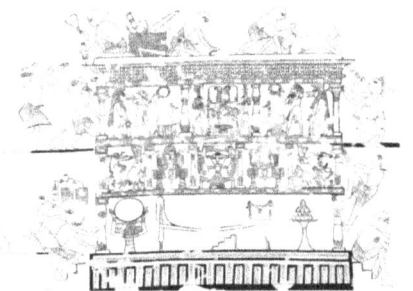

484. **Los médicos del antiguo Egipto podían realizar operaciones quirúrgicas necesarias,** como **fijar huesos rotos** y **suturar heridas abiertas,** utilizando herramientas hechas de piedra y cobre aleado con estaño.

485. **Los antiguos egipcios hacían escayolas o moldes de cera, yeso** y lino para estabilizar los huesos rotos hasta que sanaran.

486. **Al Antiguo Egipto** se le atribuyen algunos conocimientos médicos avanzados, como el reconocimiento de **la importancia de lavarse las manos antes de realizar operaciones** y la capacidad de diagnosticar algunas enfermedades únicamente mediante el examen físico.

487. **Los antiguos egipcios también se lavaban y bañaban con regularidad,** aunque no lo hacían por razones médicas. Creían que cuanto más limpia estuviera una persona, más felices serían los dioses.

488. **Los antiguos egipcios se limpiaban los dientes** con palillos que frotaban contra ellos mientras se duchaban o se bañaban a diario.

489. **Los antiguos egipcios descubrieron cómo circulaba la sangre por el cuerpo** mucho antes que los europeos. Este conocimiento se atribuye a **Imhotep,** que escribió extensamente sobre anatomía y fisiología **durante el Reino Antiguo.**

490. **El antiguo Egipto nos proporcionó el primer texto médico escrito del mundo, conocido como el Papiro de Edwin Smith,** un pergamino de cuatro metros que contenía cuarenta y ocho casos de traumatismos y diagnósticos con tratamientos sugeridos. **Edwin Smith lo compró en Egipto en 1862** y ahora se conserva en el Museo Metropolitano de Arte de Nueva York.

Muerte y entierro en el Antiguo Egipto

En este capítulo exploraremos **las antiguas creencias egipcias sobre la vida después de la muerte** y cómo sus **prácticas funerarias** estaban diseñadas para garantizar **un viaje seguro al más allá.** Veremos diez datos interesantes sobre la **momificación,** las ceremonias funerarias y mucho más.

491. **Los antiguos egipcios creían que la vida después de la muerte** era tan importante como la vida en la tierra.

492. **Los antiguos egipcios creían que los muertos serían juzgados por el dios Osiris.** Si eran considerados dignos, su alma iría a un lugar llamado **la campiña o marisma de Aaru,** un paraíso eterno sin penurias ni tristezas.

493. **Cuando una persona moría, su cuerpo se conservaba cuidadosamente** en un proceso llamado **momificación,** que eliminaba toda la humedad del cuerpo para que no se descompusiera con el paso del tiempo.

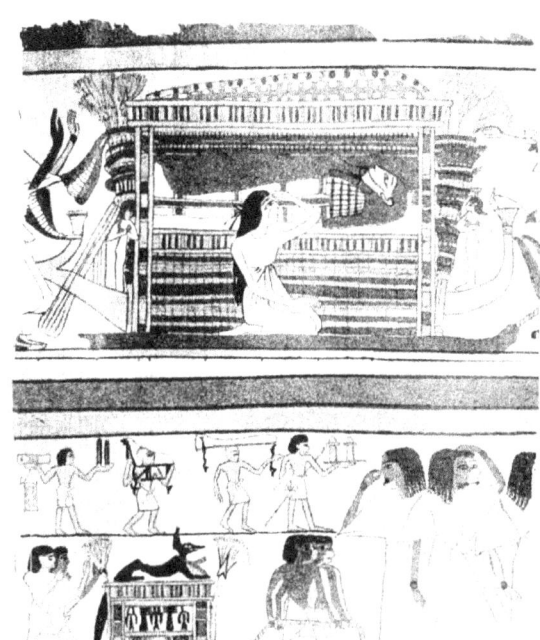

494. **Los antiguos egipcios creían que el corazón era necesario para la vida después de la muerte,** por lo que se dejaba dentro del cuerpo cuando se momificaba. Los demás órganos internos se extirpaban.

495. **Un cuerpo momificado** se sometía a un ritual conocido como **apertura de la boca,** que se creía que permitiría al cuerpo volver a hablar, comer y beber en la otra vida.

496. **Las momias se envolvían en muchas capas de tela de lino** y **se colocaban dentro de un sarcófago.** Los sarcófagos no eran exclusivos de Egipto, pero las momias y los sarcófagos son algunos de los símbolos más perdurables del antiguo Egipto.

497. **Las ceremonias funerarias solían incluir cantos, danzas y ofrendas de comida** y bebida para acompañar al difunto en el más allá.

498. La tumba o el lugar de enterramiento solían decorarse con obras de arte, estatuas y símbolos religiosos. Creían que estas imágenes cobrarían vida y ayudarían al difunto en su viaje al más allá.

499. Los faraones tenían enormes tumbas llenas de tesoros, como joyas de oro, muebles y otros objetos necesarios para su vida después de la muerte.

500. Los antiguos egipcios creían firmemente en la vida después de la muerte, hasta el punto de que incluso aquellos que no eran ricos o poderosos disfrutaban de elaborados entierros con sus pertenencias personales.

Conclusión

La historia del antiguo Egipto se remonta **miles de años atrás,** desde los albores de la humanidad hasta su conquista por **Alejandro Magno.** Su legado es tan vasto e impresionante como poderoso, lleno de increíbles logros en arte, arquitectura, literatura y ciencia. Ha dejado una gran riqueza de **conocimientos sobre su religión, gobierno, poder militar y economía. En este libro** hemos aprendido sobre estilos de vestimenta, prácticas agrícolas y roles sociales.

El antiguo Egipto sigue influyendo hoy en día en las culturas de todo el mundo, y muchos aprecian sus contribuciones a la humanidad, como las **monumentales obras arquitectónicas** que aún se conservan, **los símbolos jeroglíficos** que se estudian, los avances científicos y mucho más. **El Antiguo Egipto fue una civilización extraordinaria,** y su legado probablemente será celebrado para siempre.

A medida que nos acercamos al final de **nuestra exploración del antiguo Egipto,** no podemos evitar una sensación de asombro y **admiración por todo lo que esta gran civilización** ha dejado tras de sí. Desde sus orígenes prehistóricos hasta **el ascenso y la caída de los faraones,** el antiguo Egipto nos ha dejado un legado duradero en forma de creencias religiosas, arte y literatura. **Este legado es una fuente de inspiración** para todos nosotros, que nos esforzamos por aprender más sobre nuestro pasado para crear un futuro mejor.

Fuentes y referencias adicionales

- Fagan, Brian M. *La antigua África del Norte. Oxford University Press, 2016.*

- Shaw, Ian, and Paul Nicholson. *Diccionario del Antiguo Egipto del Museo Británico.* The British Museum Press, 1995.

- Edwards, I. E. S. *La Historia Antigua de Cambridge.* Cambridge University Press, 1982.

- Baines, John. "Escritura y arte egipcios". En *El antiguo Egipto: Arte, arquitectura e historia*, editado por Lawrence Berman y Carlotta Stern., 83–106. Los Angeles: Getty Publications, 2007.

- Wilkinson, Richard H. *Los dioses y diosas del Antiguo Egipto al completo.* Thames & Hudson, 2003.

- Simpson, William Kelly. *El Antiguo Egipto: Una historia social.* Cambridge University Press, 2001.

- Taylor, John H., y N. de Garis Davies. *Tumba de Nefertari.* London: British Museum Press, 1985.

- Hornung, Erik. *TLos libros de ultratumba del Antiguo Egipto.* Cornell University Press, 1999.

- Redford, Donald B. *El Antiguo Egipto: Una historia social.* Cambridge University Press, 1984.

- Strudwick, Nigel. *Enciclopedia del Antiguo Egipto.* Oxford University Press, 2005.

- Silverman, David P. *Antiguo Egipto.* Oxford University Press, 2003.

- Baines, John, and Jaromir Malek. *El Atlas Cultural del Antiguo Egipto.* Penguin, 2000.

- Quirke, Stephen G. *La religión del antiguo Egipto.* Londres: British Museum Press, 1992.

- Brier, Bob. *La magia del antiguo Egipto.* New York: William Morrow, 1980.

- Robins, Gay. *El arte del Antiguo Egipto.* Cambridge, MA: Harvard University Press, 1997.

- Redford, Donald B. *Akenatón: El Rey Hereje.* Princeton, NJ: Princeton University Press, 1984.

- Assmann, Jan. *La mente de Egipto: Historia y significado en la época de los faraones.* Cambridge, MA: Harvard University Press, 2003.

- Wilkinson, Toby. *Auge y caída del Antiguo Egipto.* Bloomsbury, 2010.

- Ions, Veronica. *Mitología egipcia.* The Rosen Publishing Group, 2002.

- Kemp, Barry J. *El Antiguo Egipto: Anatomía de una civilización.* Routledge, 2006.

- Redford, Donald B. *Egipto, Canaán e Israel en la Antigüedad.* Princeton University Press, 1992.

- Hornung, Erik. *Concepciones de Dios en el Antiguo Egipto: El Uno y los Muchos.* New York:

Cornell University Press, 1996.

- Shaw, Ian. *La Historia Oxford del Antiguo Egipto*. Oxford: Oxford University Press, 2000.

- "El Reino Antiguo". Enciclopedia Británica, Encyclopedia Britannica, Inc.

- "La era de las pirámides". Enciclopedia Británica, Encyclopedia Britannica, Inc.

- "Jeroglíficos". Enciclopedia Británica, Encyclopedia Britannica, Inc.

- "Antiguo Egipto". Enciclopedia Británica, Encyclopedia Britannica, Inc.

- "Mitología egipcia". Enciclopedia Británica, Encyclopedia Britannica, Inc.

- Joyce, William A. *Los antiguos egipcios*. Nueva York: Oxford University Press, 2013.

- Smith, Mark. *La Gran Pirámide: El antiguo Egipto revisitado*. Cambridge: Cambridge University Press, 2004.

- Smith, Grafton Elliot. *Los antiguos egipcios: Su vida y costumbres*. Londres: Macmillan, 1910.

- Spalinger, Anthony. *La guerra en el Antiguo Egipto: El Reino Nuevo*. Oxford: Blackwell Publishing, 2005.

- Redford, Donald B. *Los antiguos dioses hablan: Guía de la religión egipcia*. Oxford: Oxford University Press, 2002.

- Redford, Donald B. *La Historia Oxford del Antiguo Egipto*. Oxford University Press, 2003.

- Wilford, John Noble. *Los cartógrafos: La historia de los grandes pioneros de la cartografía desde la Antigüedad hasta la era espacial*. Vintage Books USA, 2000.

- Faulkner, Raymond O. *Los antiguos textos egipcios sobre pirámides*. Oxford University Press, 2016.

- Assmann, Jan. *La búsqueda de Dios en el Antiguo Egipto*. Cornell University Press, 2001.

www.ingramcontent.com/pod-product-compliance
Lightning Source LLC
Chambersburg PA
CBHW081005140626
46546CB00019B/3434